世纪中国论坛典藏文库

新国富论：

撬动隐秘的国家公共财富

The Public Wealth of Nations: How Management of Public Assets can Boost or Bust Economic Growth

Dag Detter，Stefan Fölster
[瑞典] 邓达德　斯蒂芬·福斯特 著　叶毓蔚 郑玺 译

上海远东出版社

出版说明

出版作为人类思想和智慧的凝结，集聚了发明创造和社会实践的经验与成果，推动了人类文明进步。飞速发展的数字和互联网技术并未削弱出版业的这一功能，反而前所未有地促进了其创新发展。

长期以来，上海世纪出版集团始终以弘扬主旋律、引领学术思潮、关注时代命题为已任，并围绕中国发展的重大事件、重大战略决策和重大理论问题举办“世纪中国论坛”。结合2016年“世纪中国论坛”，上海世纪出版集团融合移动端、语音端等新技术，以纸电一体同步发布的方式隆重推出《世纪中国论坛典藏文库》，实现了出版方式与互联网、新技术、新模式的融合发展，表达了出版人在奉献好书的同时，努力践行社会责任、文化理想的使命追求。

《世纪中国论坛典藏文库》聚焦中国经济的长期增长主题，荟萃了诺贝尔经济学奖得主、熊彼特奖得主和中国经济学杰出贡献奖得主等中外著名经济学家的扛鼎之作，著译并重，经典闪耀。

著名经济史学家安格斯·麦迪森早在1998年出版的《中国经济的长期表现》英文版中就预言，中国可能在2015年成长为世界最大的经济体，从而恢复它在1890年之前所享有的世界经济地位。2014年，在《中国的奇迹：发展战略与经济改革》出版20周年之际，经济学家林毅夫在为图书新版撰写的长篇序言中特别指出："出乎主流经济学界预料之外的是，中国经济在此书出版后20年却基本沿着我们在书中所预测的增长轨迹前进。"

然而，中国经济自2012年增速明显减慢，国内生产总值（GDP）增长率一直处于下行趋势。经济学家们所预言的奇迹或增长赖以产生的基础是否改变？对于未来，我们是否还有足够的信心？

首届中国经济学杰出贡献奖得主吴敬琏在专著《中国增长模式抉择》第一版（2005年）中，就指出了转型、结构调整不能取得成效的很多具体原因，归结到一点，就是存在体制性障碍，核心内容就是政府仍然在资源配置中起决定性的作用，抑制或排除了市场的作用。他在第四版的序言中写道："中国在21世纪面对着两个必须解决的问题，一个是体制改革，一个是发展转型。"

无独有偶，中国经济改革研究的先驱巴里·诺顿在《中国经济：转型与增长》一书中，全面描述和评价了1949年以来的中国经济，并把中国的制度转型放在经济增长的大框架里论述，既突出了转型对中国经济增长的必要性，也突出了转型对中国经济增长的促进作用。

显然，制度转型不可能一蹴而就。诺奖得主道格拉斯·诺思和斯坦福大学教授青木昌彦在各自的经典作品《制度、制度变迁与经济绩效》与《比较制度分析》中，分别从东西方的不同视角阐释了制度的内涵，揭示了制度在经济发展和绩效中的作用。

公共选择理论的奠基者曼瑟·奥尔森的遗著《权力与繁荣》则提出了“强化市场型政府”这一分析经济增长的前沿性概念，为金融危机后的亚洲以及其他发展中国家的治理演变和经济政策提供了有用的分析框架。

对于那场起始于亚洲的金融危机，沈联涛用《十年轮回：从亚洲到全球的金融危机》一书进行了详细的解剖，并警示我们2017年可能发生的另一场全球金融危机。对于可能引发危机的高杠杆问题，瑞典的邓达德等在《新国富论：撬动隐秘的国家公共财富》一书中给出了全新的解决方案，并因此被《经济学人》和《金融时报》推荐为2015年度图书。

根据“十三五”规划的蓝图，中国经济将保持中高速增长，到2020年国内生产总值和城乡居民人均收入比2010年翻一番。2015年11月，习近平总书记提出要着力加强供给侧结构性改革，这是实现收入翻番的必由之路，其目标就是通过消除生产要素供给能力和配置效率以及全要素生产率提高的体制性障碍，消除经济运行中不平衡、不协调、不可持续的因素，一方面挖掘传统增长动能的潜力，另一方面开启新的可持续增长动能，最终实现经济增长方式的转变。正如习近平总书记指出的：“中国共产党人和中国人民完全有信心为人类对更好社会制度的探索提供中国方案。”我们将以出版更多的精品力作传播道路自信、理论自信、制度自信和文化自信，为实现中华民族伟大复兴的中国梦作出贡献。

《世纪中国论坛典藏文库》编委会

2016年7月

马可·坎吉亚诺（Marco Cangiano）

国际货币基金组织财政事务部副部长及《公共财政管理及新兴架构》联合主编

《新国富论：撬动稳秘的国家公共财富》的出版正是时候，它通过经常被忽略的政府资产负债表中的这一部分内容，提示我们财务透明和问责制对于妥善管理公共资产的重要性。此书通俗易懂，充满激情，敦促政府关注公共财富，并以长远的眼光看待财政政策带来的结果。

吉姆·布伦比（Jim Brumby）

世界银行全球化实践管理部部长

《新国富论：撬动稳秘的国家公共财富》提出了如果将私营企业的管理经验应用到公共资产的管理上，我们能够得到什么。事实是，获益颇多。很多国家仍然忽视公共资产的经济回报，它们要么忙于制定政府产权的政策目标，要么在私有化的争论中纠缠不休。因此，政府财政受损就一点也不奇怪了。借鉴瑞典和新加坡的经验，作者展示了国家可以怎样实现经济回报，以及政府和经济发展如何从中受益。从政治到发展等一系列领域的政策制定者和政府管理者们都可以从本书中学到：如果将财务表现和政策目标放在一起考量，资产管理就可以符合公众利益。

威廉·德·维吉尔德（William De Vijlder）

法国巴黎银行集团首席经济学家

目前，由于结构性增长缓慢和高额负债，许多国家的公共财政事业面临着巨大压力，《新国富论：撬动稳秘的国家公共财富》的出版正当其时。本书善意地提出，针对公共财政方面的分析一直到今天为止都太过狭隘，仅仅关注负债和投资成本方面。本书提出了许多实例，有力地证明了：同养老基金和家庭财务管理一样，公共财政同样需要以资产负债的方式来管理。这些例子展示了对公共资产的智慧管理会给政府带来巨大收益，从而为削减税务和经济增长提供助力。

马塞尔·弗拉切尔（Marcel Fratzscher）

德国经济研究所主席，柏林洪堡大学教授，德国经济部顾问委员会成员

各国政府在管理它们的公共财富时显得十分鲁莽草率，其实公共财富是关系各国公民福祉的重要因素。本书一针见血地提醒各国政府，要以更加负责任的态度掌管公民财富，为子孙后代打下稳定的经济基础。

威廉·H·比特（Willem H. Buiter）
花旗集团全球首席经济学家

很多政府负债累累，有些政府还企图掩盖这一事实。邓达德和斯蒂芬·福斯特出人意料地指出，几乎全球所有政府都隐藏了价值连城的真正的商业资产，它们可以通过各种形式为政府带来收入，如：直接私有化、特许私人经营以及在公有产权不变的情况下采取更加有效的责任制管理，这还仅仅是其中的三种形式。有效的责任制管理始于透明化和更好的信息交流。这本书十分重要，它向公众展示了如何将潜在的公共财富转化为真正的财富。

拉里·海瑟威（Larry Hatheway）
瑞银投资银行首席经济学家

这本书富有真知灼见，在目前这种公众财政紧张，政府急于摆脱困境的状况下出版，显得尤为合乎时宜。邓达德和斯蒂芬·福斯特强调指出，增加公共资产的收益并不仅仅是为了增加政府的收入。他们还有力地论证了：一个设计合理、合乎法规的公共资产管理体系，同样能产生重大的社会效益，包括提高社会大众的生产力，促成更良好的代际公平分配。

菲利普·勒格兰（Philippe Legrain）
伦敦经济学院欧洲研究所高级访问学者及前任欧盟主席经济顾问

关于国家应当扮演何种角色的争论有一种简单的表达：它是好还是坏？更有效果的方式是，怎样能使国家更有效地工作？不过，这样的讨论一般来讲很难说有什么意义，因为很不幸，公共账目十分原始：政府预算以现金的方式提出；公共债务能得到仔细测算，但公共资产却没人评估。邓达德和斯蒂芬·福斯特的这本开创性的新书的出版可谓及时。它指出各级政府拥有巨额资产，却没有被妥善地记录在案，更不要说是有效利用了。它还有力地论证了，如果各级政府更有效地管理它们的商业资产，就能启动为公民带来福祉的各种资源。人人都该看看这本《新国富论：撬动稳秘的国家公共财富》。

里卡多·豪斯曼（Ricardo Hausmann）
哈佛肯尼迪学院国际发展中心主任

《新国富论：撬动稳秘的国家公共财富》展示了独立的公共资产管理如何成为有效利用社会资源的重要工具。

奥尔多·穆萨基奥（Aldo Musacchio）
哈佛大学商学院副教授及美国国家经济研究局教授研究员

《新国富论：撬动稳秘的国家公共财富》对政策制定者和学者们来说应该是一本必读书。它促使读者们用新的思路来认识主权财富，为公共资产管理引入私有化的解决方案。

艾斯瓦·普拉萨德（Eswar Prasad）
布鲁克林大学资深研究员，康奈尔大学教授，美国国家经济研究局研究员

这本发人深省的书阐述了若能正确地解开公共财富的束缚，会明显促进公共财政，进而促进全球经济发展。

沈联涛（Andrew Sheng）
香港大学亚洲全球研究所杰出研究员

邓达德和斯蒂芬·福斯特发现政府资产是一座金矿，如果能更加有效和透明地予以使用，将会为所有公民带来价值（包括利用收益降低税负）——只要更透明、更好地管理这些隐藏的财富，就能做到。这本书希望越来越多的公众能意识到：那些隐蔽的公众财富经常得不到有效管理，却常常带来腐败。

李扬
中国社会科学院学部委员、国家金融与发展实验室理事长

中国的地方政府债务攀升近年来受人瞩目，去杠杆随之成为一项紧迫的任务。《新国富论：撬动隐秘的国家公共资产》另辟蹊径，从资产端入手，提出应妥善管理公共资产，通过提高收益率来增加政府的公共收入，降低税收，这对我国当前的供给侧结构性改革具有重要的参考价值。

唐纳德·马伦（Donald Marron）
城市研究所经济政策促进会主席

各级政府对它们债务的度量常常精确到便士、比索和元，不过令人惊讶的是，它们对自己拥有的建筑物、公司、自然资源及其他资产差不多一无所知。就像作者邓达德和斯蒂芬·福斯特在书中阐述的那样，这种无知带来了毫无必要的经济损害，当然也给勇敢的领导者们带来了纠正的契机。如果能更好地管理资产，各级政府可以增加透明度，加速经济增长，改善它们的财务状况。

马赛厄斯·马西济斯（Matthias Matthijs）
约翰霍普金斯大学高级国际研究学院国际政治经济学助理教授

《新国富论：撬动稳秘的国家公共财富》一书巧妙地揭示了各国隐藏的资产状况，令人信服地展示了国家应如何将它们的公共商业资产资本化以便更好地加以管理。本书是当下财政紧缩与公共债务悲观情绪中的一缕新鲜空气。邓达德和福斯特的书应该成为政策制定者及每个学习公共财政的学生的案头必读。

沙逊爵士 (Lord Sassoon)
英国财政部前商务秘书

更好的政府资产管理是(或者应当是)许多国家的重中之重。邓达德曾经作为总裁,任职于瑞典国家控股的斯塔腾(Stattum)公司,他有深厚的实践经验,完全有资格探讨政府可能采取的各类方法。《新国富论:撬动稳秘的国家公共财富》一书展开了十分有意义的讨论,向世界各国的政府证明了好的政府资产管理至关重要。

傅成玉
原中国石油化工集团公司董事长、党组书记

《新国富论:撬动隐秘的国家公共财富》是一本蕴含着真知灼见的书。作者视野开阔,跨越意识形态的分歧,考察了多个国家在公共财富管理模式上的差异及由此带来的结果,提出了一些对当今中国很有价值的政策建议。国有企业是中国基本经济制度的重要组成部分,是国家经济的重要支柱。如何按照十八届三中全会要求,通过深化国企体制机制改革,提高运营效率和发展质量是一个重大的现实问题。与许多主张私有化的中外学者不同,作者认为更重要的是建立好的管理机制,这与我在过去几十年实践中得出的结论可谓不谋而合。

玛努·巴斯卡兰 (Manu Bhaskaran)
李光耀公共政策学院高级研究员,新加坡百年咨询集团(亚洲)创始人

邓达德和斯蒂芬·福斯特在本书中就政府功能的披露做了巨大的贡献。他们整合了关于国有资产的大量信息,分析家们可从中受益;同时,他们还提供了平衡且令人信服的论据,帮助人们以务实的方式尝试着去释放这些资产的价值。他们证明了国有产权的缺陷,但同样提出了可以减少这些缺陷的解决之道,不但针对发达国家,还针对发展中国家。

马修·瓦伦西亚 (Matthew Valencia)
《经济学人》编辑

公共财富作为资产的一种,规模庞大却常常被人忽视。改进其管理水平是目前时代赋予我们的重大经济课题。邓达德和斯蒂芬·福斯特为这个课题带来了解决的曙光。我们希望他们这本书能抛砖引玉,为国有土地、建筑物、水电企业和其他国有资产带来更好的管理。潜在的收益是非常巨大的。

克里斯·吉尔斯 (Chris Giles)
《金融时报》经济编辑

在目前这种对传统政治的不信任和公共财政管理弱势的氛围下,邓达德和斯蒂芬·福斯特向政治家们展示了他们应该站在人民一边,更好地管理政府资产。执政者们没有任何理由拒绝这样的观点。

中文版序言

THE PUBLIC WEALTH OF NATIONS

这个世界上最大的秘密早就已经呈现在每个普罗大众的眼前。

2007 年全球金融危机爆发至今已将近十年，世界仍然一片混沌：过度负债，巨额财政赤字和极其缓慢的经济增长。发达国家老龄化速度加快，给目前这个多极化世界的新秩序带来了种种不安的因素，危机后，发达国家增长率至少低于其潜在产能的五分之一。而包括中国在内的新兴市场，也面临着增速放缓，债务迅速膨胀，资本流动动荡，以及贸易、投资和就业机会等急剧下降的严峻局面。另外，几乎所有国家还面临着以下诸多问题：气候变化带来的全球变暖，社会收入和财富差距巨大，可能摧毁就业机会的技术突破，人类迁徙，以及关于恐怖主义、领土冲突和公然爆发的战争等地缘政治风险。

在这个令人沮丧的年代，我们中的大多数人都在寻找可以重振未来的解决方案。20 世纪 30 年代，当世界面临大萧条时，约翰·梅纳德·凯恩斯(John Maynard Keynes)给大众带来了免于恐惧的希望，指出政府可以通过刺激和投资来干预市场。当 21 世纪拉开序幕，在第一个十年里，市场上充斥着一种强烈的情绪，担心政府已经变得过于庞大和低效。有鉴于这种担心，削弱财政政策、加强货币以及监管政策的做法大行其道。当然危机后，我们现在认识到，这样的政策也有其不足之处，于是公众开始再次讨论加强财政政策的可能性。

关于在保持经济增长、就业和稳定过程中，政府应该扮演什么样的角色这一争论中，核心在于财政赤字是否具有可持续性。换句话说，政府收入(其中大部分是税收)是否可以一直远低于政府支出(主要是用于社会福利，国防和管理成本上)？

除此之外，公共资产负债表是否处于可持续状态？

欧洲人率先执行了1991年的马斯特里赫特条约，将财政缺口限制为GDP的3%，而主权债务规模则限制为GDP的60%。但几乎每一个国家都违反了这些限制：经合组织(OECD)国家的平均债务水平已达到GDP的近100%，而日本等一些国家名下的总债务规模已然超过其GDP的200%。

当我们担心债务负担时，我们往往只关注政府的征税能力。民主政府害怕失去公众的支持率，因此总是抵触加税。另一种减少债务的办法是利用通货膨胀，这就是为什么中央银行将某个通货膨胀比率设为目标——不是消除通货膨胀，而是为了降低政府和家庭的债务水平而提升通胀。

然而，对许多主权资产负债表来说，另外一面却几乎被完全忽视了。就是大多数政府，包括一些债务最重的国家，往往拥有出奇丰富的资产，并且往往隐藏在公众视野之外。它们包括国营行业留下来的明显的"遗产"——机场、港口、发电站和公共交通系统。还有更多不是特别显眼，却更有价值的资产，就是大多数国家的政府尤其是地方政府，拥有的大规模财产投资组合，或者大片广袤的土地以及知识产权，它们都具有很高的商业价值。

最近《经济学人》杂志估计，这些资产可能价值高达9万亿美元，约占经合组织成员国主权债务的五分之一。

在这本书中，邓达德和斯蒂芬·福斯特做了一个简单的观察：如果我们真正地管理好这些公共财富，我们不仅可以促进经济增长，同时也将为所有人提高整体福利。

第一个挑战是让这些公共资产透明化，弄清楚它们"到底有多少，位于何处，以及质量如何"。一篇2013年国际货币基金组织(IMF)的文章估计，政府资产负债表内的非金融性资产平均占到了GDP的67%，这一均值的分布在各个国家的差异非常大，日本和韩国超过了GDP的120%，而瑞士和中国香港仅为25%。

这些数字毫无疑问地被大大低估了。在邓达德和福斯特看来，我们只看到了冰山的一角，因为大部分的国家资产事实上隐藏在不同层级的政府之中。它们或者是因为既得利益的关系，或者仅是因为不受重视而没人去评估，从而消失在公众的视野以外。

一旦投入拥有商业头脑的专家之手，这些国有资产可以为政府开辟大量新收入。先不用考虑单独私有化的问题，仅仅是管理好公共商业资产，依据作者的估计，就能产生每年约 2.7 万亿美元的收益，比目前全球花在基础设施、交通、电力、水务及通信上的支出还要高。

最关键的是让这些资产处于专业管理之下，并且与政治家、政策制定者保持距离，与短期的政治利益绝缘。这可以通过将相关资产的所有权和控制权转移给透明、专业的资产开发公司——国家财富基金来实现，该基金对纳税人负责，而不是对现有的政治利益负责。管理基金的公司可以通过积极的所有权，开发所有经营性资产，提高其销售价值——确保经由许可才能进行土地开发，将低效率的商业资产合理化经营，或在一片土地被出售前改善其基础设施建设，以提升土地的价值。这并不是直接的大甩卖，而是一种对纳税人资产进行适当管理，以最大化其价值的更为合理的方式。有些资产甚至可能长期留在公有制体系内，经由妥善的管理，为纳税人产出不菲的收益。

这些听起来很难，但它已经在韩国资产管理公司（KAMCO）和新加坡的淡马锡（Temasek），以及 20 世纪 90 年代的瑞典有着相当成功的运作。

2015 年该书在国外出版时取得了巨大的好评。中国版亦可谓非常及时，因为它提供了运用国际经验以改善中国公共资产管理的可能性。

最近由中国社会科学院李扬博士和他的团队完成的工作表明，2013 年年底，中国的国家资产负债表显示，政府并不是净借款人或债务人，而是掌控了相当大规模的公共资产。在 2013 年年底，中国有 691 万亿元人民币的总资产，以及 352 万亿元人民币（相当于 57 万亿美元）的净资产，相当于国内生产总值的 619%。相比之下，美国的净资产是 84 万亿美元，占国内生产总值的 499%。

当然，在中国，政府的大多数净资产是房地产，而在美国，金融性资产占了较大的份额。然而，就不同政府级别而言，中国中央政府的净资产占 GDP 的 42%，各级地方政府（省、市、县三级）的净资产则高达 GDP 的 123%。这意味着，这些资产的回报率如果提高 1%，将为国内生产总值的年增长率贡献 1.6 个百分点。考虑到目前中国 GDP 的增长速度约为 6.5%，增幅是相当可观的。

让邓达德和福斯特的书凸显价值的，是它改变了产生增长的传统方式——即要求私营部门做得更多，以缴纳更多的税款。管理那些未被充分利用的公共财富，可以更好地改善整体经济增长，为创新和变革解放出新的资产，并创造普遍的工作机会。

换句话说，除非我们真正了解我们的公共资产，否则我们只会对负债情况做出误导性判断。在关于经济复苏能力的判断上，这一点可谓是核心所在。

我大力推荐这本书，因为在"如何更好地管理国有和公共资产以实现中国梦"这个目前公众关注的热门话题上，本书能够提出非常重要的启示和贡献。

沈联涛

香港大学亚洲全球研究院杰出研究员

清华大学经济与管理学院客座教授

目录

THE PUBLIC WEALTH OF NATIONS

图表目录

THE PUBLIC WEALTH OF NATIONS

前言

THE PUBLIC WEALTH OF NATIONS

我们不可能有幸每一天都遇到公共政策方面的新奇想法。自 20 世纪 90 年代那段治国理念大爆炸时期过去之后，相关理论的发展陷入停滞。左派们退回到了 70 年代的大政府理论，右派们则不厌其烦地深究我们这个时期出现的严重问题，如日益恶化的贫富差距。当左派妖魔化那些企图利用市场机制来改善国家的行为时，右派们则妖魔化市场失灵后国家采取手段纠偏的行为。在技术人员试图重新改造世界的同时，公共政策的制定者也在试图重新研制（社会前进的）车轮。

本书关于国家公共财富的设想就属于这种新奇想法。书中提出了一个很少有人意识到的问题。书中的论点还粉碎了左派右派之间令人疲惫的立场争论，并且提出了一项基本无痛的、可提振经济发展的解决之道。

本书的论证基于一个令人眼前一亮的观察发现（书中有着详尽的理论支持）：世界各国的政府都持有价值数十亿美元的公共资产，从企业、森林到历史纪念碑，它们通常管理不善，有的甚至根本无人负责。自 2007—2008 年金融危机爆发以来，政策制定者们一直都把注意焦点放在债务管理上，可是他们几乎都忽视了公共财富的问题。多数国家的公共财富实际上大于公共债务，也就是说，更好地管理公共财富，不但能够帮助解决债务问题，还能够为未来经济发展提供原动力。管理不善，不仅仅意味着把钱扔进老鼠洞，还代表着错失了许多机会：压裂法开采页岩油的技术革命，目前正在将美国转变成为石油方面自给自足的国家，而此项技术革命几乎完全发生在私有土地上。

本书作者邓达德和斯蒂芬·福斯特粉碎了左派右派之间令人疲惫的立场争

论。对于偏右翼的原教旨主义者来说，他们是危险的国家主义分子；对于偏左翼的顽固分子来说，他们又是后撒切尔主义者。但在我们看来，他们则是勇敢的实用主义者。他们主张，发生在主张私有化者和主张公有化者之间两极分化的辩论其实根本没有抓住重点——问题的关键应当在于，资产监管的质量是好还是坏。提到公共财富管理的时候，注意焦点更应当放在收益水平上，而不是所有权归谁。根据他们的统计，由改善公共财富管理而带来的巨大收益，可以超过世界上所有基建投资的总和，这些基建项目包括交通、能源、水利和通信。他们还提出，改善公共财富管理水平，能够帮助我们打赢对抗腐败的战争。随后他们提出的建议一举解决了两个我们这一时代出现的重大问题：一是由于政府庞大的公共负债，致使基础建设投资严重不足的问题；二是越来越多的恶政导致民主发展停滞不前的问题。

《新国富论：撬动隐秘的国家公共财富》从许多国家的细节着眼，这些国家在如何更好地管理公共财富的道路上进行了多番实验，如奥地利、芬兰和新加坡。本书更是为我们描绘了什么才是更好的管理方式的蓝图：将全部的国有商业资产纳入一个国家财富基金，雇佣国有和私营部门最好的人才进行最大程度的有效管理。这些基金可以为原来的混乱带来清明，为原来的业余手段带来专业化的管理，其结果就是，将原来的财富摧毁器变作财富制造机。反应灵敏的国家早已着手将货币政策、财政政策的管理职能外包给了独立的中央银行，将养老金基金交给专业基金经理来打理了。设立国家财富基金是顺理成章的下一步。

这个世界充斥着许多看似令人绝望、无法解决的问题：希腊金融危机、美国基建项目质量低下、对福利国家的渴望日益增加但愿意为之付费的纳税人日益减少。更好地管理公共资产，将为困难的世界提供一个相对简单的解决方案。任何一个政治体制下的政策制定者，如果错过本书，都将是非常不明智的。

亚德里恩·伍德里奇

《经济学人》管理版编辑

《管理大师》《企业巫医》作者

1

公共财富能为你做什么？

1

What Can Public Wealth Do for You?

1
公共财富能为你做什么？

> 几十年来，支持公共所有权的人们和那些将私有化推崇为唯一解决之道的人们之间，一直肆虐着一场奇怪的战争。在我们看来，双方的论点都太偏激了，他们多少都忽视了一个更重要的问题——公共资产管理的质量。这种质量的高低决定了公共财富能给它的所有者——所有公民——带来的价值。

在几乎任何一个国家，单一最大财富的所有者并非某个私人公司或比尔·盖茨（Bill Gates）、卡洛斯·斯利姆（Carlos Slim）、沃伦·巴菲特（Warren Buffet）这样的个人，而是我们所有人的集合体——你，以及你的纳税人同胞。作为这样一个集体，我们有自己的财富管理经理，通常我们称之为“政府”。据我们了解，政府掌控的资产，比所有那些有钱人的财富加总起来更多，甚至超过所有养老金，或私有股权基金的总和。

更重要的是，多数政府拥有的财富远比它们意识到的多得多，即使那些在债务泥潭中挣扎的国家亦是如此。这些陷入麻烦的国家拥有数以千计的企业、土地产权，以及其他各类资产，只是它们根本不屑于去珍惜，更不要说为了公共利益去好好管理了。公共财富像是一座冰山，为人所知的，仅仅是冰山顶部的尖尖一角而已。

几十年来，支持公共所有权的人们和那些将私有化推崇为唯一解决之道的人们之间，一直肆虐着一场奇怪的战争。在我们看来，双方的论点都太偏激了，他们多少都忽视了一个更重要的问题——公共资产管理的质量。这种质量的高低决定了公共财富能给它的所有者——所有公民——带来的价值。即便是私有化的公共资产，其所能产生的结果，也取决于政府管理制度的水平、私有化的过程，以及私人业主本身的能力。推崇私有化者与支持公有化者之间发生的这场奇怪战争付出了不少代价：透明度的缺失，财力的浪费，以及公共事业领域的表现不尽如人意。唯一的受益者是辩论双方的既得利益者。

在本书中我们将探讨，公共财富如何监管是制度建设最重要的基石之一，也是区分国家能否有效运行的关键。事实上，公共财富的管理绝不仅仅在确保国有企业的有效运转。如不加管束，公共财富同样可以毁灭整个国家并削弱民主的力量。公共财富也可以化为一个诅咒，就像一个没盖盖子的饼干罐，引诱监督者为之腐败，成为它的奴隶。即便在像美国这样的成功国家里，虽然总的来说组织机构运营良好，但公共财富也可能导致民主的错位，引发巨大的政策失败，并至少给部分民众强加了不合理的困难和社会成本。

我们将会论证，政府越少介入直接的公共财富管理，民主越能体现出最佳状态。当然这并不意味着所有的财富都需要私有化。私有化的过程本身就带来诸多诱惑，如追求一夜暴富，导致裙带关系泛滥、彻底腐败，以及规章制度失效等。

我们将举例说明，国家如何将公共财富的管理与政府官员们的直接管辖范围分开。政府一旦免于运营公共企业，便可改变自己的使命与关注点。让老谋深算的政府官员们去掌控一间财务状况欠佳的公共企业并要求他们改善公司财务状况，他们是很难站在消费者的立场上去考虑问题的。让这些从政者从管理公共财富的角色中脱身，能使他们公正地站在普通市民的立场，去制定期望值、目标、需求，并在需要的时候对市场失灵加以管制。这一切直抵运转良好的民主机制的核心——问责制、透明度和信息披露。

最为人知的公共财富持有者是中央政府所控制的企业，我们通常也称之为“央企”(SOEs)。在全世界范围内 2 000 家最大的企业里，央企占据了以上所列公司总市值的11%。[1] 在以俄罗斯和中国为代表的一些新兴市场里,有数以千计的央企。而在其他一些国家如巴西、印度、波兰、南非,中央层面的这个数字在数百家之间。另外需要注意的是,不少国家拥有数以千计的公共企业,它们分别属于中央级/区域级/地方级等各级政府。

大多数欧洲国家的中央政府都拥有数十甚至数百家大型知名公司,而澳大利亚、新西兰这类国家拥有的央企则相对较少。较少为人所知的,大多是那些被区域级或地方政府所控制的企业或企业类资产。这其中当然有一些正常企业,但更多时候,它们装扮成形形色色的法律实体,向顾客和消费者出售商业性服务。

在各级政府拥有的企业机构之外,还存在着广袤的生产性房地产——这可能是公共财富组合中最大的组成部分。至少2/3的公共财富所有权存在着不透明性——它们大量地被地方和区域级政府,以及那些形式上独立但实际上被政府官员掌握的准政府机构所把持。地方储蓄性银行是其代表之一。

关于公共财富的定义

我们关于公共财富的定义包括政府所拥有的所有公共资产的总计,包括:
- 纯粹的金融资产,比如银行资产或养老金;
- 公共商业资产,如企业和商业性房地产;
- 公共非商业性资产,比如道路等;
- 减去政府债务。

我们使用金融学意义上的"公共"一词,指财富被各级政府所拥有。值得注意的是,"公共资产"不应混淆于"公共财物(public property)",后者通常指那些可以被全体公众所使用的资产和资源,比如公园。

本书集中讨论的是公共商业性资产,这意味着资产或运营能够产生收入(主要是以非税收为基础的),如组织和使用得当,应产生一定的市场价值。典型的例子如下:企业——尤其是国企;金融机构;房地产;以收费为基础或与PPP(政府和社会资本合作模式)相关的基础设施;非企业性的商业活动(比如,销售地理数据或一个水厂)。

我们对公共财富的定义,包括了各级政府:中央级、区域级和地方级。然而统计数据,或评估公共财富的时候,都常常忽略区域级和地方级资产,或仅仅计入一部分。

---

① 根据Kowalski等人(2013)。基于公司层面的所有权数据,包括了直接和间接的所有权。

续表

通常在估算公共资产的时候，我们都把公共非商业性资产排除在外，例如国家公园、历史建筑，或者不收费的公路。然而在部分章节中，我们会讨论该如何管理这些资产，使之产生更高的社会价值。
在我们的公共财富定义之外，我们有时会讨论准政府机构，例如美国房贷机构房利美(Fannie Mae)和房地美(Freddie Mac)，以及曾经在很多国家都存在的，由当地政客担任董事的独立地方储蓄性银行。

在美国，超过25%的土地归联邦政府所有。这些土地上的建筑物账面价值约1.5万亿美元。另外，根据国际货币基金组织的一项保守估计，各州和地方政府拥有的资产是联邦资产的4倍，也就是6万亿美元。[①]

作为联邦政府支出的看门人，美国审计总署(GAO)认为“很多(联邦)资产的损坏程度惊人”，以及联邦政府“持有很多根本不需要的资产”。[②] 这些包括价值几十亿美元的冗余建筑物，甚至闲置的建筑物。联邦政府每年还要花费数十亿美元去维护国防部、能源部、退伍军人事务部(Veterans Affairs)的冗余资产。

政府在全球范围内持有的公共财富，即使保守估计，数目也十分惊人，收益率即使仅仅提高1%，也将给国库增加7 500亿美元的收入，[③]这相当于沙特阿拉伯一年的国内生产总值(GDP)。我们认为，通过对中央政府在全球范围内持有的资产进行专业化管理，可以很容易地将收益率提升3.5%，即能够额外产生2.7万亿美元的公共收入。这个金额超过了现阶段在全球的基础设施建设，包括交通、能源、水利和通信设施等所有项目的总和。[④]

在美国，联邦政府资产组合的收益率每提升1%，总税收就可以下调4%。仅此一条，就应当令每位公民、纳税人、投资者、财务分析师及利益相关者高度关注。因此大家应该欢迎更多提高收益的行动。

为说明监管公共财富可能带来的变化，我们可以看看1977年美国政府把巴拿马运河区的管理权交给巴拿马政府前后的差异。今天的巴拿马已经是全球负

① IMF (2013)。

② GAO(美国审计总署，2005)。见“管理联邦房地产”。

③ 根据全球商业资产合计75万亿美元估算。

④ 基于世界经济论坛的全球基础设施建设开支数据。

债率最高的国家之一,但当年曾像持有金矿一样掌握巨大的潜在财富。运河区内的财物对很多跨国公司具有强大吸引力。事实上,当年的财物总值已经足以付清巴拿马所有的政府债务。当然,这需要专业的商业化管理模式。通过正确地追求价值最大化,巴拿马政府可以通过把这些有吸引力的资产出租或打包出售,来实现资产货币化。可惜的是,他们浪费了这个机会,大部分土地被各种既得利益群体滥用于市政垃圾堆放,违规住房建设,以及非经济的军事用途。[①] 直到最近几年,巴拿马运河管理局(Panama Canal Authority)才开始高效化管理,逐步开发运河地区的土地,并设立了科隆自由贸易区(Colón Free Trade Zone)。

在类似美国等富有国家里,许多城市和州都存在土地管理不当,而其实土地本可成为公共财政的核心资源,可以用于减税或资助核心基础设施建设。以深陷财政金融危机的希腊或意大利为例,它们可以通过妥善使用其可观的公共资产来摆脱困境,甚至无需出售这些资产。

好的管理不仅仅追求财务回报,其他社会收益同样重要。意大利经济学家维托·坦齐(Vito Tanzi)和合作者泰杰·普拉卡什(Tej Prakash)发表了一篇研究报告[②],用两所位于高档物业区的学校的例子来阐述公共资产的误用:一所学校位于里约热内卢,挤在著名的科帕卡巴纳海滩(Copacabana beach)许多高档酒店的中间;另一所学校位于马里兰州贝塞斯达市(Bethesda)的心脏地带(1789年学校设立的时候,周围都是农田,土地还很便宜)。这两所学校只要搬迁到几个街区之外,就可以给学生们提供更安静、更健康、更平和的学习环境。出售现有的昂贵财物获取的资金,可以聘请更多的教师。此外,在原有校址上的新增不动产投资还会带来更多的国民收入和税收收益。

传统的公共预算管理方法几乎肯定会导致公共资产使用不当。绝大多数国家都没有完整地登记公共资产(地籍册)。很多政府,不管是中央、地方还是地区级政府,都无法给出各自拥有的完整的资产清单,更不用说给出资产介绍及相应的市场价值了。这就很难通过增效或变更用途来进行有效管理。通常决策都是

---

① Peterson (1985)。

② Tanzi and Prakash (2000)。

率性而为，例如1983年，法国总统密特朗(Mitterrand)决定将财政部从卢浮宫迁出，给卢浮宫博物馆提供更多空间。

所以，太多的时候，公共资产管理并没有给民众带来最大的利益。在那些政府无需民选的国家，或者完全的财阀体制下，这种现象无需大惊小怪。可是在很多民主国家里面，相关决策也没有体现人民的愿望或最大利益。政府是否设立制度化治理会导致不同效果。以希腊和瑞士为例，它们在地理上相去不远，体制上都是民主国家。但瑞士拥有强大有效的制度，是欧洲最富有的国家之一；而希腊因为其制度失灵，则是最贫穷的国家之一。

在本书中，我们主张在政府不能直接掌控公共财富的前提下，民主制度最有可能为公共利益服务。这并不表示所有财富都应该私有化。私有化进程充满了各种诱惑：短期利益，裙带现象，彻底腐败，互相矛盾的规章制度，以及把资产低价出售以换取既得利益，等等。

从某种程度上说，有效管理的技巧可从最好的公司管理方法中借鉴。例如透明化管理、正确的财务制度及准确的资产负债表。① 我们将用大量的实例来证明，有效的管理技术会带来巨大反差，私营企业，尤其是竞争环境里的企业里都普遍采用这些技术。当然，公共资产管理必须放在政治环境中进行，有时候要把社会目标放在投资回报之前。本书的主要篇幅旨在分析政府在政治驱动下，通过建立制度来支持公共资产的专业化管理。

对公共财富商业化管理的抵触情绪，与历史上对体育运动职业化的抵触可谓如出一辙。奥林匹克运动会长期秉承业余体育精神的理想，直到21世纪初期，才跟其他主要体育盛会一样开始接受职业选手。今天职业选手将几乎所有的运动都带到了新的高度，并在这个过程中创造出了价值数十亿美元的一系列产业。与此同时，不少人也对职业体育中一些看上去有些过分与误导性的奖励措施发出哀叹。而对公共财富管理而言，关键是要把最佳的私营企业管理经验与能够确保实现该国社会目标的机制紧密结合起来。

将公共财富管理移出政府的直接管理范畴，能让政府集中精力在国家的治

---

① 根据比特的提议(1983)。

理上，而非管理一些公有企业。他们可以抽身出来，公正地与消费者和社会大众结盟，监督市场表现，并在必要时采取监管措施减少市场失灵。公共商业资产管理的“圣杯”是一种将管理与政府的直接责任剥离开的体制安排，同时鼓励积极的政府监管以求生成更大的社会与经济的价值。一个能取得上述目标的体制结构，同样能为民主提供更坚实的基础。

我们将会特别地深入探讨，一些国家是如何通过利用职业的财富管理经理，加上国家财富基金（NWF，national wealth fund）或类似资产安排等政治上的独立举措，来成功地管理他们的商业资产的。国家财富基金使得透明化成为可能。债务评级使得其能够独立贷款，从而优化资本结构，做到价值最大化。公开挂牌成为上市公司也因此具备了可能性，这可以提供终极形式的透明度，同时扩大股东基础，使之可能为纳税人提供最大化价值。

尽管有这些成功的案例，但全球范畴内，只有很少一部分商业资产以独立和透明的国家财富基金的形式得到了管理，也就是说，和日常的政治风向保持一定的距离。相反地，大量的公共财富是在政府部门内部，被公务人员以形形色色的企业集团的形式所持有。往好里说，这是用来分配税款的一个官僚体系；往坏里说，这是一个充满了政治干预和暴利想象空间的舞台。这些隐藏的公有商业资产，没有透明化的经济价值，都存在日益削弱和缓慢消失的风险。

公共财富的温柔陷阱

目前存在一个普遍的误解，一个富裕的国家等于一个强壮的国家。大家或许可以想象一些“政府强势的国家”，比如俄罗斯，政府控制了 1/3 的本地证券市场的市值；又或者中国，在《财富》杂志世界 500 强的排名中，上榜的中国企业中有 4/5 都是由政府控制的。如果这些国家没有了强势政府，它们会吃惊地发现，在如何更好地为公共利益服务方面，自己的能力是如此之弱。[①] 举例来说，中国

① 彼得森国际经济研究所的尼古拉斯·拉迪（Nicholas Lardy，2014）令人信服地指出，自该国 1978 年开始改革以来，私营经济而不是国有企业支撑了经济的发展。

每年约有 120 万人死于空气污染，[1]而这些致污物多数是由国企排放的。

那些富裕且中央集权无处不在的国家，正是冈纳·缪达尔(Gunnar Myrdal)所称的"软弱的政府"。[2] 那些符合公共利益的政府行为往往被削弱，因为政府骨干雇员们正忙于自己的日常工作。俄罗斯就是这样一个软弱的国家，因为它甚至不能在石油和天然气收入之外创造出其他的经济增长点。在大规模的民主化进程结束后，像巴西这样的国家也陷入了类似的困境，部分要归因于政府拥有占 1/3 市值的资本，且表现都十分差劲。近几十年来，很多富裕的国家开始在国企中雇佣专业的管理人员及董事局成员。但另一方面的进展仍然非常不足，就是建立职业经理人的所有权机制，以使其在企业重组，针对新投资发行股票以及其他策略性议题上承担责任。在这方面，很多国家都深陷于类似俄罗斯或巴西的问题，苦苦纠缠，只不过没那么臭名昭著而已。

举例来说，美国陆军工程兵团(US Army Corps of Engineers)是隶属于联邦政府的机构，负责维护港口和航道的基础设施。该机构一年约 50 亿美元的预算，大多数被用来疏浚港口，或如他们在密西西比河所做的一样，被投资在水路的闸门和渠道的控制上。与此同时，该公司也是这个国家内水力发电厂的最大所有者，管理着 4 300 个休闲区，并为沙滩设备的补充提供资金来源，升级当地的水力和排污系统。美国国会近几十年来只是将该公司作为人人见者有份的花钱机器。其资金被大量投入到在那些重要议员所属辖区里的低价值项目中，而真正需要钱的高价值项目，却往往得不到足够的资金支持。毫不奇怪，该公司多次卷入各种丑闻，包括 2005 年新泽西卡特琳娜飓风事件中暴露出来的大堤失防，这导致了超过 10 万个家庭和企业被洪水冲毁，至少 1 833 人死亡，以及超过 1 000 亿美元的经济损失。

另一个例子是美铁(Amtrak)，国家铁路客运公司(National Railroad Passenger Corporation)。这是一家公有的公司，但以营利企业的模式来经营管理，运营着长达 2.2 万英里(约合 3.54 万千米)的全国铁路客运服务。除了多次

---

① Murray et al. (2013)。

② Myrdal (1968)。

被美国审计总署就管理不善提出质询以外,更昂贵的代价是,其国有控股的状态已经严重阻碍了民主进程。美铁的长途航线,几乎可以说是无利可图。但为了从参议员那里获取持续的话语权,美铁还得维系这些服务。假如放弃这些赔钱的长途航线,美铁只需服务 23 个州,比现在的 46 个州大为减少。这会使得美铁盈利能力更好,并使其在真正有盈利可能的领域改进服务。但只有 23 个州的支持不足以使议会保留对其的补助。自从 1971 年以来,美铁已经累计拿到了超过 300 亿美元的补贴,可是它们现在的火车票仍然卖得比飞机票还贵,这也让很多人百思不得其解。这导致了两大重要影响。美铁的政治僵局就像毒药,阻碍政府实行有效的铁路及交通运输措施。此外,国会议员必须花费宝贵的时间和精力游说,以保持美铁继续在他们所在的州提供服务。

这些例子可以很好地解释,对于公共财富的管理会如何阻碍到民主的进程——通常而言,人们对这个议题的关注,远远不如对公共垄断导致管理不善的关注程度。政府一旦轻易能插手公共财富领域,就很容易诱发滥用,举例来说:

- 利用国企诱人的合同及职位换取政治好处。
- 有计划地提供无息的联邦土地,或者从公共的水务公司买水,以换取政治支持。
- 通过允许提高国企的工资水平,来获取工会的支持。

在上述每一种状况下,代表普世利益的民主都沦为了侍从主义。政客们因与各种特殊利益集团进行交易而获得奖励,而不是因为推行了有利于更广泛的公众利益的改革而获得赞赏。这就是"软弱政府"的核心。

在侍从主义或"软弱政府"状态下,政府对促使国有资产管理更加透明化的行为兴趣缺乏。很多情况难以用意外来定义,如希腊有相当一部分资产未进入合并报表,美国对联邦资产及地方政府资产未做中央统一登记等。只要国有所有权继续保持含糊不清,对政府机构而言,就更容易借此派发好处,且无被复核之忧。

当 2008 年金融危机爆发,这些毛病开始反噬到这些国家身上。那些经历危机的国家里,没有一个拥有哪怕是最粗略的公共商业资产的蓝图。不但那些地方或区域性政府不清楚自己的资产底细，令人吃惊的是，就连中央政府对于自己所掌握的资产以及相关的价值和收益也知之甚少。西班牙和葡萄牙之前分别将它们的部分资产置入“西班牙国有公司”以及“葡萄牙国有资产管理局”。即便各自只拥有一小部分国有资产，这种部分合并也有助于提升透明度，通过出售部分资产并对余留部分建立某种信誉，一定程度上节省了公共财政。类似地，爱尔兰在 2009 年建立了国有资产管理局，对银行系统强制资产重组导致的坏账资产进行管理。

另一方面，希腊建立了毫无影响力可言的私有化机构。由于并没有被授权拥有任何商业资产，这个机构演变成一个纯粹的顾问部门，帮助资产变现，而不是发展并最大化资产价值。在既得利益者和权贵集团的统治下，只能采取如此支离破碎的管理措施，这使得国际投资者认识到，在最好的情况下，希腊也需要花许多年来评估它庞杂的国有资产状况，并对其进行重组，变为有生产力和有价值的资产。更可悲的是，当政府真的提供对其拥有的商业资产进行合并金融审查的结果时，国际借款人却要求停止发布相关消息。

那些从不见光的账务处理中获利的人往往会争辩说，对外透露公共资产的货币价值会传播经济至上主义而不是社会目标。我们认为真相恰恰相反。当政府披露公共资产的价值，要求其管理者专注于创造价值时，政府可以在信息充分、透明的基础上做出该向国企付出多少资源以实现社会目标的决定。如果没有透明度，社会目标总是会被把控在那些自私者的手中。

即便在那些较少出现直接暴利的国家，公共商业资产也使得政治家们产生生产者的心态。在瑞典和印度这样截然不同的国家，政府作为主要的拥有者和铁路服务提供者，对于消费者渴求更可靠的铁路服务的需求，几乎都没有表现出一丝改进的热情。任何对于国有铁路的批评都牵扯到政府的责任问题。而碰巧的是，这两个国家近数十年来，对铁路的维护都存在管理不善和投资严重不足的问题。只有当瑞典放松管制，同意私营部门参与竞争时，政府才在政治上表现出因势权变，开始关注消费者利益。

本书旨在阐明，当财富不在政治的直接掌控下时，民主会获得意想不到的强化。一个强有力的国家，意味着政治家们之间的相互竞争必须致力于在政治议程上如何提升公共利益,而不是比着抛出承诺,叫卖着让大家分享公共财富这一“饼干罐”。

各国是如何让财富摆脱政治控制的

在20世纪八九十年代,有一个很明显的趋势:越来越多臃肿的国家垄断企业已经无法满足日益复杂化的消费者需求。受到罗纳德·里根(Ronald Reagan)倡导的供给学派的鼓励,很多国家开始私有化政府企业。也许令人奇怪的是,美国政府仅仅出售了其公共资产中很小的一部分。联合铁路公司(Conrail)是一家货运铁路服务商,于1987年私有化,而阿拉斯加电力管理公司(Alaska Power Administration)及联邦氦气储备公司(Federal Helium Reserve)则于1996年私有化。艾克希尔海上石油储备公司(Elk Hills Naval Petroleum Reserve)于1997年出售,美国铀浓缩公司(United States Enrichment Corporation),一家向核工业提供浓缩铀的公司,于1998年私有化。这些都是很小的企业。与之相比,世界上其他国家的手笔要大多了,包括一些类似瑞典的社会民主政府,均剥离了很大一部分国有资产,并开始对剩余部分实施更职业化的管理。

私有化是将公共资产从政客们唾手可得的范围里挪开的手段之一,但它同样带来新的陷阱。假如私有化的政府企业属于垄断行业或金融机构,通常就会需要足够精明的监管,使得它们能够站在消费者利益最大化的角度行事。如果没有精心设计的监管规定,就有可能引起公众舆论的强力反对。在容易滋生腐败和裙带资本主义的国家,私有化进程本身就是一个巨大的挑战。

有些国家则采取了更广泛的举措,而不仅仅是私有化一些企业。最近有一本名叫《改革的复兴》(*Renaissance for Reforms*)的书,分析了109个富裕国家政府,发现当现任政府越是实施雄心勃勃的市场化改革时,赢得换届选举的可能性就越大。[①] 更令人惊讶的或许是,这些改革的成效,往往出现在那些看上去更

---

① Fölster and Sanandaji (2014)。

"左"的政府里。

在很多案例里,野心勃勃的市场化改革往往波浪式发生,并逐渐从侍从主义文化,朝着公共利益高于特殊利益阶层需求的方向发展。一个很好的例子是1993年的加拿大,当左倾的自由党政府上台后,保罗·马丁(Paul Martin)被任命为新的财政部长。那个时候,加拿大每年的赤字约占GDP的7%,接下来一年的国家总债务超过GDP的100%。马丁认识到,这个国家已陷入债务泥潭,必须马上进行切实的改变。那时作为马丁的一名顾问,戴维·赫尔乐(David Herle)和他的合作者约翰·斯普林福德(John Springford),在《金融时报》上介绍了90年代初加拿大改革的重重困难。① 根据戴维与约翰的说法,财政部长曾有个难得的内阁盟友拉尔夫·古德尔(Ralph Goodale),时任农业部长。可惜他们的友谊后来急转直下。古德尔生长在加拿大草原省份,代表小麦生产省萨斯喀彻温(Saskatchewan)农业区,他强烈反对马丁取消俗称为"乌鸦税"的一个关于谷物运输的补贴系统。此外,农业部长并不是唯一一个对削减开支感到不爽的人。自由党内一大部分人士都痛恨改革,许多受影响的拿公共补贴的组织和企业亦是如此。激进的市场化改革是他们难以下咽的一剂猛药。

加拿大的改革包括私有化数个政府所有的企业,并在其他企业中实施更职业化的管理。这一策略使得国家朝所谓的新的社会契约的方向发展。短期来看,这一改革似乎伤害了某些利益团体、企业及家庭。不过在1997年,自由党政府第二次赢得大选组成多数政府;随后又实施了一轮新的改革措施,在2000年再次赢得大选。在这段时间里,该党不再将其以增长为导向的改革描述成一个针对危机的应急措施,相反地,将其提升为一个力求创造更好社会的长期改革。自1995年起,《华尔街日报》及美国知名智库"传统基金会"(Heritage Foundation)每年就世界范围内经济自由度发布年度报道。其2013年度经济自由度指数排行榜称:"加拿大在100分的总分中取得了79.4分,这使其经济自由度排名高达第6名",而当年美国的排名是第12名。2014年,加拿大取得了80分,仍排名第6名,属于最高等级的经济自由。

① 例如,可参见 Herle & Springford (2010)。

其他国家也对本国经济进行了类似的修补，比如澳大利亚和瑞典对国企的改革，产生了比提升每个企业内部生产效率更广泛的效果。对国企或是进行私有化，或是将其置于更职业的管理体系之下，自然而然地，政客们会开放整个行业竞争。这也促成了结构性调整，有时还会带来戏剧性的结果。当电话公司失去垄断地位，手机和网络运营商就能以一种以前完全不可能发生的方式迅速腾飞。

要想显著提升资产管理质量，私有化也不一定是必由之路。即便是在以市场经济为导向的荷兰，国企的规模也占到当地证券市场市值的约 5%。1998 年，瑞典改变了自己的策略，决定积极参与其重要的政府所有资产的管理，政府向先锋澳大利亚和新加坡学习，以价值最大化为唯一目标，伴随着适当的透明化，任命职业董事，以相关的私营部门竞争者为参照，设置合理的分红比例以及资本结构目标。然而在几年以后，瑞典又做了部分妥协，采取了更加放手的方式来监管国企。对那些不想为决策承担骂名的政客而言，这样的决定当然容易做出。但结果是，很难保证改革最后的成功。

如果没有适当的组织架构、政府监管来认可职业化的管理，这些机构就会成为“孤儿”。一方面，盈利的企业对其结余毫无控制，导致对外国市场的无节制的投资扩张。另一方面，那些不盈利却有着膨胀的运营费用的企业则被撇在一边，无人改革，有时候仅仅只用来提供有税务补助的就业机会。正如我们之后会更详细讲到的，如果忽视了专业化的监管，即便在国企内部实施好的管理，也可能导致重大的失败。

向更好的公共财富监管迈进

我们认为，促进管理与民主的最佳方式，是将公共资产合并到单一机构之下，并将其置于直接的政府影响之外。这需要构建一个独立隔绝起来的，且不在日常政治影响直接控制之下的实体，使得透明、商业性的监管成为可能。

当下大行其道的一个国际化趋势，是将维持货币与金融稳定性的功能外包给独立的中央银行。央行起到存款储备功能，并从创造货币中取得盈利而获得收入来源。这种“快钱”也使得中央银行成为试图寻求速战速决的政客们的心头爱。在有的极端事件中，一国政府公然强迫央行大肆印钱，最终导致恶性通货膨胀。即便在很多运行良好的国家，政府干预也已持续导致过多的货币增发和过低的利率。经历了20世纪七八十年代的通货膨胀之后，经合组织里的绝大多数国家的常见措施，是将央行从短期的政府影响中独立出来，将该机构的责任赋予一个委员会，委员会成员由立法部门或议会提名和任命，并给予比较长的任期。

在很多国家，引入独立的中央银行这一理念时，充满各种争议。特别是，工会组织会担心，一旦要求提升协议工资，央行会设定更高的利率来进行惩戒，这其实是一种不民主行为。但时间一长，独立央行的经验被证明是积极的，且被广泛复制传播。

本书的主要论点，是关于公共财富监管的类似改革会使经济和民主同样受益匪浅。我们还将展示，当一些国家将公共养老金及资产的管理放到远离政府直接干预的所谓的“坏银行”里后，它们的表现如何。一些国家已经尝试将公共资产放置在具有相当独立性的控股公司或基金里。我们使用“国家财富基金”这个词来描述那些对公共商业资产进行独立监管的机构。如同独立央行，在“盗贼”统治的政府里，国家财富管理基金并不必然代表更好的管理。但是它们会帮助到大多数正力图使自己的民主机制变得更加强大的国家。即使是稳定的民主国家，也能从对其资产的更为职业化的监管中获利。

本书深入地审视了如何更有效地进行公共商业资产监管，以及可能使用到的工具，同时也强调了适度监管的重要性。我们将逐一比较在互相矛盾的体系内各自的成功案例——新加坡、阿布扎比、中国、芬兰、英国、瑞典——它们为我们提供了多样化的实例，有的成功了，也有的失败了。有意思的是，现在亚洲一些国家里，有着最先进的国有资产监管体系。

我们建议扩展监管范围，不仅仅局限在商业资产范畴。一个不受政府控制，具有足够独立性的国家财富基金可以自行平衡投资组合，不仅能为基建提供财政支持，也可以在新成立的基建财团中担任职业管家及主要投资者的角色。这意味着国家财富基金在许多急需的基建投资项目方面，将会扮演“大福音”的角色。

受金融危机余波影响,许多国家仍然深陷债务泥潭,并受到财政紧缩的束缚,它们正试图恢复预算平衡,重建经济增长。不管是现在还是未来,政策选择往往局限于节省更多这一方面。劳动力市场的结构性改革和制定竞争规则也在任务表上,但这些措施需耗费经年,才能使增长与就业率往正确的方向上微调。

当人们描述一个国家的经济状况时,他们常常忽略了一个基本要素。大多数欧洲国家拥有海量的商业资产组合,美国的联邦和地方政府亦是如此。这些公共资产组合的价值很可能比这些国家背负的公共债务还要高,但政府往往没有足够的必需的信息来了解所掌握的财富。即便像希腊这样债务累累的国家,也可能拥有丰富的资产,这也是我们开始发问"公共财富可以为经济做些什么"的原因。

2

反噬：劣政的代价

2

Don't Bite the Hand that Feeds You: the Cost of Poor Governance

> 如果国企的管理水平不如私营企业，这是不是意味着拥有较多国企的国家经济运行水平低下？通常我们不能这么轻易下结论。

任何一位从美国机场出发的旅客，如果前往任何近期建成的亚洲的机场，甚至是欧洲的一些私营机场，都会注意到明显的反差。很多美国的机场看起来粗制滥造，但事实上一点也不节俭。恰恰相反，在美国，几乎所有的主要机场都由联邦和地方政府所有，接受联邦政府补贴进行翻新和扩建。职责的混杂不清，本身就阻碍着有效管理。不仅如此，还有很多联邦政策限制，使得各个城市对实行私有化犹豫不决。举例来说，政府所有的机场可以发行免税债券，与那些潜在的私有竞争者相比，财务上具有优势。

与之相反，世界各地很多繁荣的机场，甚至包括欧洲的一些机场，都是完全或者部分私有化的。这份名单很长，有雅典、奥克兰、布鲁塞尔、哥本哈根、法兰克福、伦敦、墨尔本、那不勒斯、罗马、悉尼、维也纳等等。英国在这方面引领潮流，于1987年将英国机场管理局（希思罗机场和其他机场的所有者）进行了私有化。

即使没有私有化，提高公共管理的效率也成效显著，比如进行商业活动，增加收入，以及更有效地出租场地，吸引私营商家。对机场来说，经常来往的旅客是很好的客户群，也是商业活动的利润来源，而那些有魅力的商家也颇受有点空闲时间的旅客的喜爱。

因此，不管是私有的还是公有的业主，只要得到适当激励，就能有效管理机场，创造出比现在很多美国的机场要好得多的回报。

对公有企业监管不力会带来不良后果，美国的破烂机场其实只是个微不足道的例子。在很多新兴市场经济体，国企已然变成实现国家抱负的工具。在中国、俄罗斯以及很多其他国家，那些规模大、增长快的跨国企业都归政府所有。这些企业跟私营企业和其他国有企业在资源、创意以及出口订单上的竞争愈演愈烈。《经济学人》杂志在 2013 年 1 月特别版的文章《国家资本主义的崛起》中就提到，"新兴世界里的新型生意形态会带来越来越多的问题"。在很多国家的经济体里面，国企都是重要组成部分，但通常仅限于国内市场，业绩表现不尽如人意。

本章描述了国有商业资产的管理方式，并与私营企业的管理方式进行了比较。研究表明，如果维持传统监管方式，国有经济的增长会导致消费者的负担明显上升。

国家资本主义：复兴与反作用

对于公共商业资产中显而易见的部分——由中央政府持有的企业与银行（也就是所谓的央企）——公众的情绪总是摇摆不定，十分复杂。国家主义者与私有化主义者争论不休，却没有涉及真正的问题，那就是资产监管的质量。

第二次世界大战之后，欧洲政府开始推行企业国有化，20 世纪 70 年代又再次发力，以为这样可以推动经济增长，促进就业，也许还能提升政治影响力。很多发展中国家也在全力效仿这种做法。到 70 年代末，很多国家的国企在国民产出中的比重超过了大型私营企业。很多时候，如果把地方和区域性政府持有的公共商业资产加总到一起，在整个经济体中的占比就更大了。

今天，由撒切尔和里根推动的私有化浪潮已经过去了 30 年，欧洲已经普遍抛弃了国家社会主义，西方国家一个常见的误区是以为政府持有商业资产已是遥远的历史。[①] 事实恰好相反，公共商业资产只是通过模糊不清的簿记隐藏了起来。举个例子，距离现在最近的德国关于其国企的官方统计数据是1988年出版的。到1988年年底，德国联邦及地方政府拥有3 950家公司，占固定资产的16.7%，以及德国全部就业人数的9.2%，主要集中在邮政、铁路服务、水电、信贷机构和保险公司。随后几年，有些公司被出售，也有一些公司尽管仍由政府控股，但已经像1995年的德国邮政服务公司(Deutsche Bundespost)那样公开上市。波茨坦大学的一些研究人员想重新评估国有企业，于是在2006年找出了近一万家企业，分别隶属于联邦、地方以及地区各级政府。经济合作与发展组织随后曾发起了一项研究活动，希望评估每个成员国的国企资产组合的规模，德国政府却既没有参与，也没有支持该研究活动。

在德国以及很多别的国家，持续存在着过多的国有企业，真是令人惊讶。毕竟从20世纪70年代到2000年间，这些政府卖出了很多国有企业，并对其仍然持有的公司进行现代化管理，改革公司治理模式，与企业和管理层签订业绩合同，培训国企的管理团队。他们努力创造对等的竞赛场地，使得私有范畴内的企业能够与曾经的垄断企业进行公平竞争。

但是到了21世纪初期，一直到2007年金融危机之前，国家资本主义出现了反弹，这主要是发生在新兴市场。全面私有化的方案全部作废，取而代之的是，将少部分国企的股权卖给了私营投资者。比如，中国的央企在香港、上海和纽约上市。因为看起来已不用担心政府控股，投资人在20个IPO(首次公开发行)中投入了约1 000亿美元。这些上市企业包括建筑公司、银行、铁路公司。在印度，政府出售了印度煤矿公司(Coal India)的股份，这是一家拥有大量露天煤矿的巨无霸公司。即使是印尼、马来西亚，也把一系列国有资产引入了股市。

① 有些欧洲国家的威权体制，直到1970年代中期才结束，包括希腊(1974)，西班牙(1975)和葡萄牙(1974)。东欧国家受前苏联共产主义有效控制，直到1991年才结束，包括罗马尼亚(1989)和东德(1990)。南斯拉夫从前共产主义体制决裂，随后的种族战争持续了1990年代的绝大部分时间，有几个国家直到2000年代才正式独立，例如塞尔维亚、黑山(2006)，以及科索沃(2008)。

到了 2014 年,局面又发生重大改变。与 2007 年的峰值相比,亚洲 65 家最大的国有企业的市值蒸发了约 1 万亿美元,比私营企业市值损失要大得多;而它们在亚洲股市的市值比重也从远远超过一半,跌到了远远低于一半。这些企业总体的市盈率只有私营企业的一半左右。在投资的时候,投资者对于这种部分由国家持股的公司开始持审慎观望的态度。[①] 从全世界范围看,大型国有上市公司在全球资本市场的市值比重从 2007 年峰值的 22%,已经跌去了一半。在 2007—2014 年间,全球 500 强名单上的国企市值下跌了 33%~37%。[②] 而同期全球股市上涨了 5%。

某种程度上,投资者新的偏好反映了股票市场的总体趋势。然而即使是在 2013—2014 年美国和欧洲股市的繁荣阶段,这种对国有企业的负面看法仍然占了上风。除此之外,国有企业还有另一类麻烦。投资者越来越担心政府干预,贪污腐败(政客滥用权力获取个人利益)或是国企单纯地不敌于更灵活的竞争对手。NTT 多科莫(DoCoMo)——日本政府持有的日本电信电话公司,被精明的私营竞争者远远甩在后面,苦苦挣扎。中国那些国有银行曾一度主导市场,但是对储蓄账户给不了更高的回报,正被私营的竞争对手打得节节败退。

更进一步,投资者还怀疑国企与金融危机是否有关。他们必问的一个问题是:在那些金融危机中损失最大的国家,比如希腊、意大利,它们的经济、政治的弱点在危机中暴露无遗,而就在金融危机之前,这些国家恰恰也属于持有国有企业比重最高的国家,这仅仅是巧合吗?为什么像澳大利亚、新西兰和波兰这样的国家表现要好得多?在这里,金融危机中损失惨重的西班牙可能是一个另类。事实上,西班牙看起来没什么国企,因为出问题的银行都是地方储蓄银行,它们并没有被算做是国企。

那么下一个问题就是:大型国有企业是否有可能掩盖了其生产率低下的问题,从而逃避实施能带来增长的改革措施呢?

---

① 可参见“Lardy (2014)”。

② 据《经济学人》(2014a):以美元计价,取决于如何记录那些在本轮一开始(2007 年起)就退市的公司。

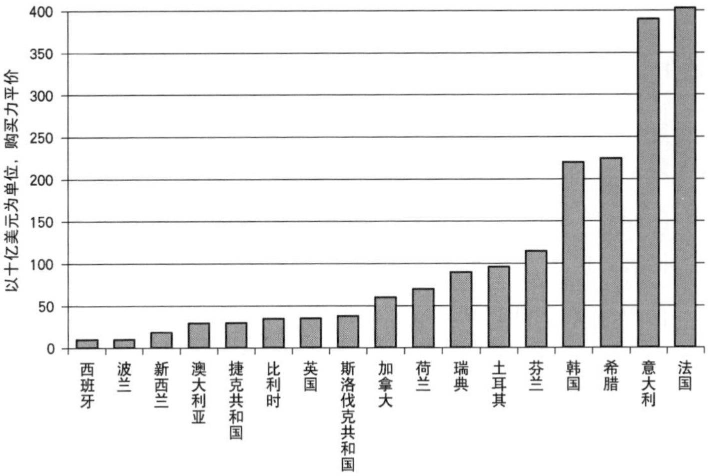

图 2.1　2003 年经济合作与发展组织成员国国企的资产市值

资料来源：经济合作与发展组织关于国有企业监管的问卷调查表，2003 年

关于公共财富的常见争论

既然存在着这些怀疑，为什么政府还要费心费力地去管理这海量的公共资产呢？持有公共资产是基于这样一个基本假设：普通人并不总是能够通过与私营公司之间的单个私人协议来实现社会福祉。经常被提及的几个目标包括：

- 制定行业政策：通过政府持有的企业，政府可以启动新兴产业，拯救衰退产业，或帮助私营部门承担更大的风险。
- 推进发展：通过投资基础设施或新设工厂，促进落后地区经济发展。
- 财政政策与再分配目标：举例来说，国营邮政服务在城市按照垄断价格收费，补贴偏远地区的邮政服务。
- 环境目标与国家遗产保护。

对于韩国、土耳其和墨西哥等国来说，直接的政府干预被视作合乎支持国家发展的目标。类似地，二战以后很多欧洲国家以及日本都实施企业国有化或设立国有企业——通常是在能源、交通与银行业领域——寄希望于这种行为能够帮助经济重建。

经济学家进行了一系列更深层次的探讨，研究公共资产如何令人信服地刺激增长或者在市场失灵的时候减少损失。一个论点是说，对于自然垄断的行业，垄断者可以仗着规模优势，通过低价竞争来威胁新的竞争者不敢进入，持续获取垄断利润，而政府介入可以减轻自然垄断的这种不良后果。在发电、炼油、铁路行业都可能存在这种现象，因为这些行业需要环环相扣的供应链才能提供商品或服务。这种情况下，私营公司可能会采取垄断定价。

然而，即使是国家垄断，也同样可能滥用定价权。很多国家都通过立法来避免出现这种局面，甚至强迫企业分拆或者剥离下游业务。比如，由国家来运营铁路网络的基础建设，但鼓励相互竞争的私营公司提供各类不同的运输服务。

第二种形式的市场失灵可能涉及所谓的“公共产品”的生产，即那些可以不付款却能享受的产品。第三种，在有些情况下，则指消费者无力承担费用，常见于关于公立学校的讨论。

有些行为会产生外部性，无论正的还是负的，都对他人影响深远。信息不对称也是政府介入的一个理由。这是指只有市场一方能获取重要信息，其他各方只能事后揣测，有时连参与权都被剥夺。

这些市场可能失灵的状况往往催促政府早日干预。但它们谁也不能保证干预一定成功。即使是政府行为，也可能导致信息失灵，使参与者陷入官僚主义动机，与社会最优解背道而驰，同时使得民主进程出现瑕疵。在这样的情况下，即使出现市场失灵，国家介入的结果可能比市场选择的结果还要糟糕。

有些时候，国家资本主义看起来能打造国有龙头企业，参与全球竞争。2014年财富500强企业里面的新兴国家企业，有2/3都是国有企业，剩下的大多数企业也或多或少地享受着各种政府资助。一般情况下，为了走向全球市场，这些企业得到了五花八门的政府帮助，包括从国有银行得到低成本融资。当这些国有企业偶尔击败竞争对手的时候，产生的一个常见疑虑是，是不是它们接受了过低的回报率，或者承担了太高的风险，却要让纳税人来承担后果？因此，如何对待国有企业，也成为跨太平洋伙伴关系协议（TPP）谈判的核心议题。

比如，巴西的淡水河谷公司（Vale）自称是私营矿业公司，但在政府看来，这是一家国有龙头企业，除了政府养老基金重仓持股之外，还有3只“黄金股份”均属于巴西政府。它们(政府和养老基金)不喜欢淡水河谷打算裁减工人的计划，为此公司老板罗杰·阿涅利(Roger Agnelli)被迫下台。

类似地，中国的联想公司喜欢自称是私营电脑公司，但是在中国共产党领导下的一个政府机构——中国科学院提供了种子基金(作为母公司还持有该公司的大量股份)，同时政府多次干预，促进该公司的增长，不仅仅是该公司于2004年以12.5亿美元收购IBM的个人电脑业务部门那一次。在2014年年初，已经是全球最大的个人电脑制造商的联想公司，宣布将以23亿美元现金和股票收购IBM已成为行业标准的X86服务器业务部门。[1] 同年10月，交易完成。同样在这个月，联想公司以29.1亿美元从谷歌公司收购摩托罗拉移动公司，继续在全球智能手机市场上的扩张。[2]

事实上，中国的国企占据了其国内生产总值的1/4～1/3。不过这种成功可以被打上大大的问号。尼克·拉迪(Nick Lardy)的一本书揭示，中国国企资产回报率极低，连所投入成本的一半还不到。[3] 它们实际上是在拖累中国的经济发展。不过在制造业领域，国企并不多，这也部分解释了中国工业的成功。可是这些国有企业在关键的服务业领域很普遍，例如电信、商业、租赁和运输服务。如果说中国的经济发展令人印象深刻，那是因为它克服了国企的拖累，而不是得到了国企的助力。

谈了这么多理论的实证与相关的描述，该总结一下我们的论点了：正如我们所见，研究普遍表明国有龙头企业通常对经济增长毫无助力。

国企的管理

对国有企业和私营企业的比较常常误入歧途，因为国有企业通常是垄断者或准垄断者，或者是唯一可供消费者选择的供货商，它们可以高额定价。很多国有企业也从自然资源价格上涨的过程中大举获利，因为它们通常具有垄断权力。

---

① *Financial Times* (2014)"Lenovo to buy IBM server unit for US$2.3 billion", January 23。

② *Wall Street Journal* (2014) "Lenovo completes Motorola acquisition", October 30。

③ Lardy (2014)。

有些时候，垄断企业的利润也因为政府授予的服务义务而被稀释。比方说，很多国家的国有邮政服务垄断了邮件派送业务，但同时要承担偏远地区那些注定亏损的业务，因为这是普遍服务的义务。由于这些因素的存在，国企的回报率就算比不上私营竞争企业，也不能作为充分依据来说明国企效率低下。

过去几十年来，经济学家在控制其他误差来源的情况下，改用生产率以及其他效率指标来考察公有企业与私营企业。大量的理论与实证研究表明，从平均水平来看，国企的效率低于相对应的私营企业。①

即使如此，也请不要误读。尽管绝大多数研究都发现了这些差异，但并不是所有的研究都展示出统计上的显著差异。尤其是当国企们面临可能被私有化的风险时，会想方设法提升效率，这也使两者的差异不再显著。比如，韩国的一项研究发现，1998—2002 年间，新政府放出了有意将许多国企私有化的信号，于是这些企业的效率明显提升。② 这项研究的结果，跟许多其他类似研究一样，都强有力地支撑着我们的观点：即便国有企业还没有开始私有化，也可以被管理得更好。

关于国有企业效率低下，一个常见解释是所谓的代理人理论：国有企业的管理者缺乏有力的激励政策，股东和市场也无法进行恰当的监管。另一个替代假设是，缺乏效率的企业往往从一开始就被国有化了。看来这类研究的一个关键因素就是竞争的激烈程度。当国企面对竞争环境时，它们的表现跟私营企业一样好。③ 同样，当国企采用与私营企业一样的管理方式和监管办法的时候，国有企业的业绩跟私营企业一样好。

最近的研究针对国企为何普遍业绩不佳的问题，提供了让人眼前一亮的实证发现。传统上对管理方式的分析依赖案例研究，从本质上只能提供八卦，缺乏实证。但在过去的 10 年，根据麦肯锡公司开创的一套对企业管理进行描述的办法，尼克拉斯・布鲁姆(Nicholas Bloom)和约翰・范里宁(John van Reenen)开

① Netter and Megginson (2001)对此有很好的文献综述。

② Kim and Chung(2008)。

③ Bartel and Harrison (1999)。

始对上万家公司的管理方式进行度量。[①] 这项调查的核心是考察企业各方面的要素，包括企业设定、实现目标，给员工的激励措施，管理人力资源以及其他类似的要素。

布鲁姆和范里宁有一个重要发现，就是管理方式与产出效果直接相关。这不仅仅指采用最佳管理方式的公司的生产率和盈利能力更高，在其他很多方面，这种关联性同样可靠和令人信服。例如，管理较好的医院的康复比率更高。管理实践在不同的组织、国家与产业中差异巨大，但都与业绩表现息息相关。所有权是导致这些差别的诱因之一。

由政府、家族以及创始人持有的公司，通常会表现出管理不善；而跨国公司、分散的股东持有以及私有资本持有的公司通常管理较好。良好的管理措施通常会带来更强的产品市场竞争能力和更好的员工技能。布鲁姆和范里宁发现，缺乏条框规定的劳动力市场往往会产生激励措施方面的改良，如基于业绩表现的员工晋升。

这些研究深度剖析了每个政府在管理企业的时候都要面对的问题。通常这些企业都没有直接面对市场竞争。大家也常常以为，当这些企业业绩太差的时候，政府会用纳税人的钱来拯救它们。不管哪种情况，让这些国有企业的管理者对采取最佳管理方式产生紧迫感，仍然是一种挑战。如果政客总是在公司的日常业务上指手画脚，这项挑战就更不好应对。后面的章节仍会讨论这个关键问题，即：政府怎样才能积极、专业地治理企业，同时避免总是投机取巧地指手画脚。

国企们对于增长真的有帮助么？

如果国企的管理水平不如私营企业，这是不是意味着拥有较多国企的国家经济运行水平低下？通常我们不能这么轻易下结论。关于国有企业的统计数据

① Bloom and van Reenen (2010)以及 Bloom et al. (2012)描述了双盲测试技术，以及随机抽样技术，用于构建针对多种类型的组织以及国家的管理数据。

质量不佳,可供研究的国家不多,而且存在大量的度量错误。地方和区域性政府管理的企业,或者政府旗下的基金会管理的企业甚至没有统计在内。更重要的,可能是预期关系的理论本质。即便在采用全球范围内的成熟技术方面慢了半拍,国企也未必就一定会有较低的生产率增长,但国企的生产效率还是普遍低于对应的私企。如果事实真是如此,拥有较多国有企业的国家应该是国内生产总值总量较低,而不是增长率低下。我们会期望这些国家剥离国企,实现更高的增长率,而非增加国家在企业中的持股。这又对数据的质量提出了更高要求。单独考察某一特定年份的国有企业持股情况是不够的,需要跟踪不同年份里持股的变化情况。

此外,国内生产总值增长还受到很多需要加以控制的因素的影响。卡波普洛斯(Kapopoulos)和拉扎里托(Lazaretou)这两位经济学家在这方面做了显著的工作,他们在1995年对27个高收入国家的企业所有权样本数据进行分析。[①]在控制了几个变量的情况下,他们发现那些国企比例较高的国家的增长率明显较低。我们尝试用最近几年的其他数据重新来进行这个实验。经济合作与发展组织于2008、2009和2012年调查了34个国家里的完全由国家持股或部分由国家持股的企业的状况。[②] 不幸的是,企业可以有多种估值方法,国家之间采取的标准也各不相同。

一个替代的方法,是来分析中央政府管辖的央企的就业人数占全部就业人数的比例。在经济合作与发展组织国家,这一比例的范围在0.5%~12%之间,均值在3%左右。比例最高的是挪威,那里有很多国有企业,包括全球石油巨头——挪威国家石油公司(Statoil)。芬兰中央政府也持有很多大型企业,包括电力企业富腾集团(Fortum)、芬兰航空公司(Finnair),以及耐思特石油公司(Neste Oil)。与之相对的,澳大利亚、加拿大和韩国政府持股企业比例极低。图2.2和2.3显示了每个国家平均持股情况和变化情况。

① Kapopoulos and Lazaretou(2005)。

② 这些是上市、非上市公司及法定机构。

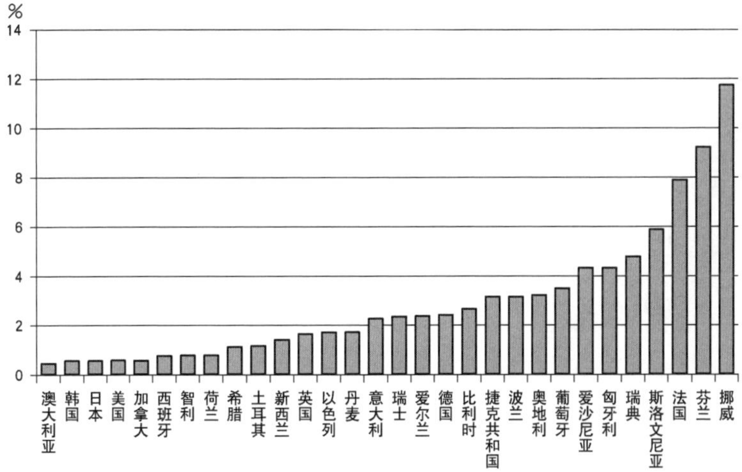

图 2.2　央企就业人数占总就业人数百分比

资料来源：经济合作与发展组织，数据采集见 Christiansen (2011)

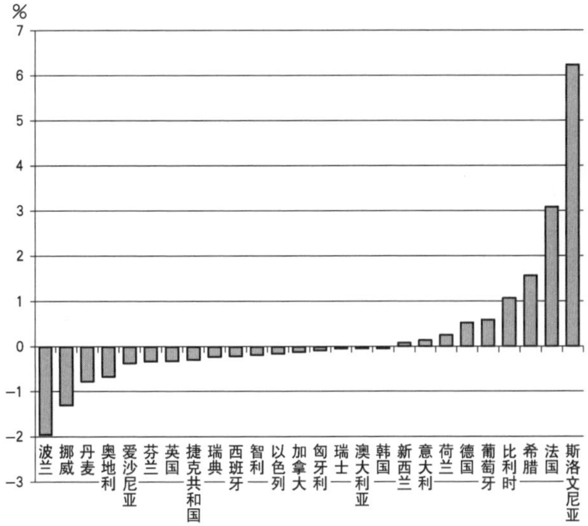

图 2.3　央企就业人数的百分比变动

注：数据来自 2008—2012 年，百分比变动基于 2008 年数据
资料来源：经济合作与发展组织，数据采集见 Christiansen (2011)

如图2.4和2.5所示,看起来央企的普及程度与人均国内生产总值之间相关性很小。图2.4的上半部分显示了较富裕的经济合作与发展组织成员国的情况,看起来存在正相关,但这只是由于挪威这个单独异常值。当去掉了挪威的数据后,相关性就变成负的了。

分析国有行业的变动情况和国内生产总值的增长之间的相关关系,会看到不同的局面。图2.5展示了剥离国有企业与增长存在负相关关系。这仍然是一

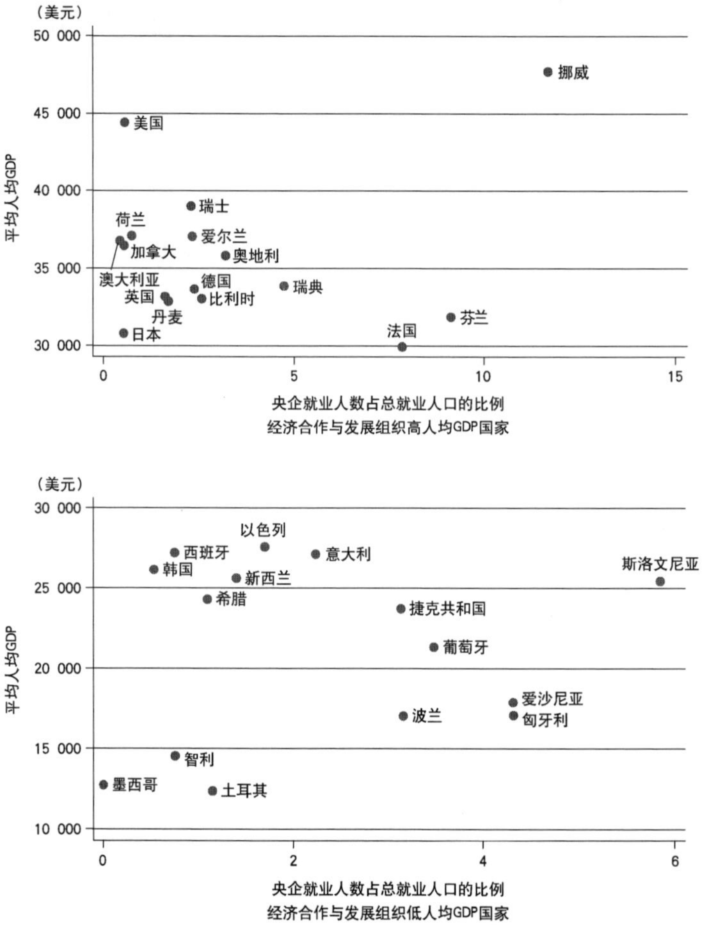

图2.4 各国人均GDP水平与央企就业人数占总就业人口比例关系图

资料来源:经济与合作组织,作者计算

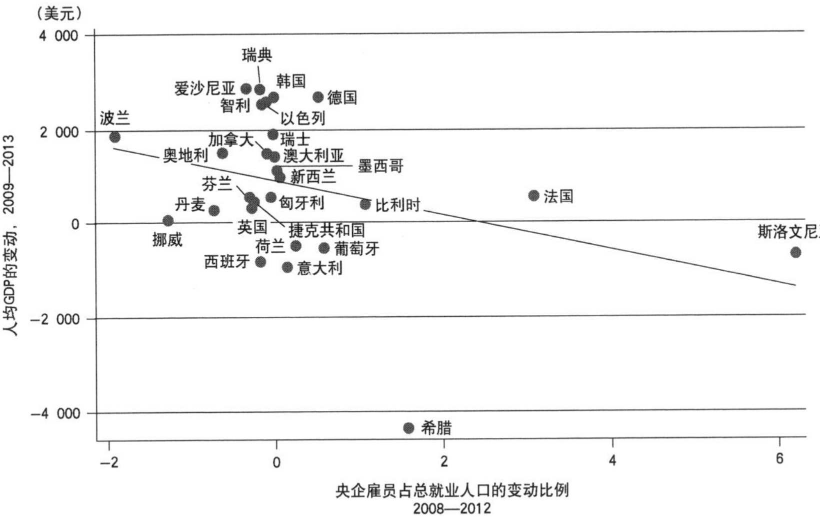

图 2.5　各国人均 GDP 的变动及央企雇员占总就业人口比例的变动关系图

资料来源：经济与合作组织，作者计算

个粗浅的相关分析，需要谨慎对待，尤其是要考虑到 2008 年以后的金融异动。

为了深入研究这个负相关关系，我们将分析工作进一步系统化，调节国民就业率、人口、国内生产总值、教育程度①等方面的数据。回归分析显示，央企的普遍程度与经济增长存在显著的负相关。平均来看，2008—2012 年间央企就业人数占总就业人数的比例每上升 1%，就带来 2009—2013 年间人均国内生产总值下降 132 美元。同期的平均人均国内生产总值则是 909 美元。也就是说，总体来看如果央企就业人数比例上升 5%，3 年的经济增长就会消耗殆尽。

这样的回归分析很难说证明了因果关系，因为不管是实证还是理论都很难把握。促使政府决定增加或者剥离国企的政治因素，往往来自社会的错综复杂的因素变化，本身也可能是为了促进发展。考虑到数据的局限性，我们不想就回归分析本身给出结论，尽管卡波普洛斯和拉扎里托在 2005 年的前期研究中已经得到这样的结论。不过他们确实证实了宏观经济与微观经济研究的相关性，就

① 每 10 万居民参与大学教育的人数。

像我们在前面的章节中讨论过的一样，将毛病对准了国企管理不善的问题。

一个关键问题是，除了国企存在的那些明显问题以外，公共资产监管不善是否会对国家的发展产生更为广泛的负面效果？第三章我们再来讨论这个问题。

3

国企经营不善如何拖垮政治经济

3

How Poorly Governed State-run Businesses Can Ruin the Economy and Politics

> 海量的公共财富本身并不必然导致一个国家的腐败，即便在先进的民主国家，形式上较为温和的合法腐败行为也屡见不鲜。

持有巨额的公共财富能帮助政府更好地治理国家，这个想法很合理。可荒谬的是，现实往往与之相反。正如一个受到上天眷顾，拥有丰富自然资源的国家，却可能遭遇“荷兰病”一样，公共财富也可能具有毒副作用。尽管某些商业人士认为，公共财富“毛病多多”是由于政治家的无能而造成，但事实并非如此。毛病的本质不仅限于国有企业是否运营良好。事实上，公共财富之所以萎靡，是因为管理公共财富会严重干扰政客们的主业，让他们无法集中注意力提升公共利益。现实中，公共财富越多，反而越容易削弱政府，影响民主决策。

在公共财富对民主的扭曲作用里，有三个主要机制扮演了重要角色。第一个是腐败、直接非法收受贿赂或挪用公款谋取私利；第二个是侍从主义，政客们给他们的支持者提供好处，以换取选票和其他利益；第三个是，当政客们直接管理生产而不是代表消费者利益时，容易滋生利益冲突的问题。

腐败和裙带资本主义

2014 年春天，华润集团这一世界上最大的国有控股企业集团的董事长宋林，先是接受组织调查，之后因腐败问题遭到罢免和指控。这个事件震动非常大，并不是因为国企的腐败不常见，而是因为类似的腐败其实很难被暴露出来。事实上，大量的证据证明，在很多国家里，国企只是给某些特定政治阶层牟取利益的工具。经合组织2014年出具了第一份反贿赂报告，分析了400个国际贿赂案件后，得出的结论之一是：大多数的贿赂都到了国企经理层的手中，紧随其后的则是海关官员。

其他一些研究则把腐败与制度泛滥、繁文缛节联系起来。举例来说，戈尔和尼尔森(Goel and Nelson，1998)的研究展示，在美国，州政府越大，腐败程度越齐头并进。因果关系可以是双向的。那些从腐败中受益的人，也倾向于去创建一个更强大的州。另一项发表在《公共行政管理评论》(*Public Administration Review*)上的研究报告则显示，那些有更多腐败官员的州，往往在那些容易腐败的领域里存在着更多的政府经营行为。①

那些遍地都是国企的国家，本身也充斥着各种腐败。在2014年一年间，中国以反贪污腐败的名义逮捕了数以千计的政府官员。在这场反腐运动中，私营业界的错误行径被大肆揭示曝光，不过对国有背景公司的同等调查则显得宽松得多。

自1978年开始的25年里，大多数国有领域逐渐私有化了。但在过去的10年里，这个趋势几乎已完全停顿。举例来说，自从2005年起的每一年，国有控股的石油和金融机构(大多数为银行)，均占据了中国证券市场挂牌上市交易公司总利润的3/5～4/5。政府控股的企业与政府有着千丝万缕的联系，使它们在每一个可以盈利的市场里占据领头羊的地位：从电信到烟草，从保险到基建。国家放开某些行业——零售业、服务业、农业和低端制造业——但这些都是竞争异常激烈，且利润微薄的行业。可惜的是，能够从中获得贪腐的机会，或许是中国的政府官员喜欢把盈利的生意固化在国有行业内的最重要的理由。

事实上，在过去的一年里，中国的腐败现象急剧恶化。在2014年针对175

① 可参见“Liu and Mikesell(2014)”。这些研究未能充分探究因果问题，概念上也很复杂。例如，对于腐败和国家介入，也许行业结构或文化规范或机构才是更根本的驱动力。

个国家的年度国际清廉透明度指数排名里，中国已经从第 80 名跌到第 100 名（排名由上到下代表腐败加剧），和阿尔及利亚及苏里南不相上下。

同样在印度，政治家们也明显倾向于将国企利润攥在自己手里。2014 年 8 月，印度中央调查局逮捕了印度国有银行辛迪加银行（Syndicate Bank）行长 S. K. 杰（S. K. Jain），指控其收受金额达 82 000 英镑的贿赂，为两家正陷入前政府煤炭开采区域分配丑闻的公司增加信贷额度。“煤炭骗局（Coal Scam）”是迄今最大的腐败案件之一，玷污了国会领导的联合政府，也致使其在 2014 年 5 月的选举中输掉了已执政 10 年之久的权力。在此之前 2 年，官方审计指出，政府在将煤炭资源向私人公司转移的过程中定价过低，从而失去了超过 330 亿美元的潜在收入。1925 年成立于印度南部的辛迪加银行，于 1969 年被国有化，虽然它目前在孟买交易所挂牌，但仍有 67%的股权被政府所拥有。杰在银行业已经工作了将近 30 年之久，之前曾效力于巴罗达银行（Bank of Baroda，另一家政府控制的金融机构），然后于 2013 年 7 月接管辛迪加银行。在印度的银行业，政府控制的银行占了非常显著的地位。

贪污的机会从它的天性而言，通常在那些需要政府许可证的部门盛行，比如天然资源开采等。这是个双向运作的过程。一旦政客、官僚从发放许可证及其他复杂的行政管理中受益，他们也成了维护繁文缛节的一股推动力，甚至不惜使其更为繁琐。在许多情况下，自然资源也是公共资产，政府可以向自己选定的私营投资者开放。这就像是给权贵资本主义发放的“邀请函”。有时候，正如前文所提的经合组织的研究所阐述的，政府选择国企去开采自然资源，这往往使贪腐情况更加恶劣。俄罗斯在几乎所有国企占主导地位的行业都产生了一系列的亿万富翁，例如俄罗斯天然气工业股份有限公司（Gazprom）这种全球最大的天然气开采公司，这些情况绝非巧合现象。

财富本身会吸引那些追寻财富的人的目光。巨额的公共财富也吸引了那些更容易腐败的政客。政府官员会尝试利用公共财富，吸引来直接的贿赂，同时向支付贿赂的人提供好处。不幸的是，这往往使其他人陷入贫困。事实上，这很难让人不想到中世纪的国王如何控制自己的国度——将公共财富恩赐给贵族们。不得不说，这仍然是今天许多国家的统治方式——俄罗斯、印度既不是唯一的例子，也不能说是最坏的例子。

如果政客们收受贿赂只是为了加快进程，那么腐败仅仅会导致收入的再分配，并不至于让行政程序陷入繁文缛节。但如果行贿受贿实际上阻碍到国家的发展，或者为了能得到更多的贿赂机会而增加更多的官样文章，贪污行径就会成为一个严重的负担。即便在早期的美国历史上，腐败行为与国家干预的关联也是严重问题之一。州政府屡屡介入基建项目，比如运河和铁路工程，这种干预最终往往以腐败丑闻告终。[①] 海量的公共财富本身并不必然导致一个国家的腐败，即便在先进的民主国家，形式上较为温和的合法腐败行为也屡见不鲜。

侍从主义

在原始部落社会，政治领导人需要足够数量的部落来支持自己，这些都是通过慷慨的政治交换来完成的。这种治理国家的方式使得政治领导人必须牢牢掌控可观的公共财富。而在现代社会里，“部落”被不同的利益群体所替代。那些确保能得到利益群体支持的领导们会较少地受到公众批评与监督。而为了得到更多的支持，就必须迎合他们在某些特殊议题方面的需求。最近的一个例子就是工会为促使法国政府购买阿尔斯通（Alstom）的股份而搞的运动。在此之前法国政府已拥有标致（标致雪铁龙集团的一部分）的股份，这个举动并不是因为消费者想要购买价格更有竞争力的汽车，而基本上只是为了满足工会的需求。

经济侍从主义常常包括向特殊利益群体发放政府救济，制造经济依赖，或者给那些群体中个别负责人提供优待，比如指定为国企的董事局成员等许多其他特殊待遇。举例来说，很多国家里，政府所拥有的彩票业的利润，都被用来打点各式各样的利益群体。国企和其他公共资产为侍从主义提供了绝佳的机会。在巴西，连续两任总统，路易斯·伊纳西奥·卢拉·达席尔瓦（Luiz Inácio Lula da Silva）和迪尔玛·罗塞夫（Dilma Rousseff），都来自工党，为了照顾到贫穷的驾驶者的利益，倾向于扶持国家石油巨头——巴西国家石油公司（Petrobras），让

① Edwards (2004)。

该公司放弃将石油价格上调并与世界价格看齐的计划。他们丝毫不在意私人小股东在巴西国家石油公司遭受的损失。巴西联邦警方近日搜查了一位巴西国家石油公司前高管的家，当场没收了超过 50 万美元的现金。检察机关指控，诸如贿赂以及暗地里的政治捐款等腐败行径，影响到了巴西国家石油公司的政策运营，导致了至少价值 4.4 亿美元的虚增合同。暂且不论政党政治，这至少显示了，政客们是多么容易利用国有公司作为非法的竞选资金来源。就在最近的 2010 年，巴西国家石油公司还被作为经济上升趋势的代表性公司。不过，尽管投入了巨额资金，这家公司生产率的增长仍然非常不尽如人意。当丑闻爆发，石油价格下跌时，公司的资本回报率及股价随即崩盘。

巴西政府同样应当对世界上最大的铁矿石生产企业——淡水河谷公司的老板罗杰・阿涅利的下台负责。虽然淡水河谷公司早在 1997 年即已经私有化，但巴西国家开发银行(简称 BNDES)仍然拥有其大量的股份。当政府对于阿涅利热衷向中国出口铁矿而不是在当地建立钢铁厂表示出不满时，阿涅利只能走人。

穆萨基奥和拉扎里尼(2014)对巴西国有资产进行了分析，证明那些从巴西国家开发银行获取的贷款像是一种转移补贴，对于改善公司层面的业绩或增加投资的既定目标没有任何积极作用。相反地，竞选捐款解答了巴西国家开发银行如何选择该补贴对象的疑问。研究也发现，他们一般不挑选表现不佳的项目，牵涉政治的公司并不一定就是表现低下的公司。但尽管如此，根据穆萨基奥和拉扎里尼的研究，巴西国家开发银行在整体表现上，特别是针对其功能的发挥上基本毫无建树。

国企中的侍从主义在意大利同样盛行。马泰奥・伦齐(Matteo Renzi)，2014 年 2 月上任的意大利历史上最年轻的总理，在上任几个月后宣布，将整体撤换意大利国有能源巨头埃尼(Eni)、意大利国家电力公司(Enel)、意大利最大科技公司芬梅卡尼卡集团(Finmeccanica)，以及意大利邮政集团(Poste Italiane)的高管层，而这四家正是意大利经济与金融部全部或部分拥有股份的前四大公司。根据 2014 年夏季的统计情况，这四大公司占据了意大利股市市值的 1/3。在这场对这位年轻总理实践改革能力的关键考验中，伦齐最为大胆果断、引人注目的决定，就是将三位女性提拔到了公司掌门人的位置，包括钢铁业女强人艾玛·玛切嘉利(Emma Marcegaglia),她最后成为石油天然气集团埃尼公司的新任董事长。虽然这些女士都毫无疑问地堪当大任,但这个现象仍然说明了,即便对于一个改革者,将国企高管职位的任命作为“政治表态”方式的一种,是多么顺理成章。

在很多国家里,侍从主义表现得更为耐人寻味。美国的电力行业是由私营企业占领的。但是联邦政府拥有田纳西河谷管理局(Tennessee Vally Authority)以及其他四个电力营销机构,它们负责在33个州销售电力。在公用事业民营化已经成为全球趋势的今天,这些政府的能源公司显得越来越不合时宜。1996年,时任总统克林顿曾计划卖出这四个电力销售管理机构,但最终并未付诸实施。暂且先不提要不要私有化的问题,将田纳西河谷管理局以及电力销售管理机构转为独立运行的商业化机构,设置一个控股公司来运作这些公司,或许可以消除侍从主义。侍从主义其实鼓励了这些机构将它们的竞争优势转化为人为的低电价,直接导致过度的能源浪费。从政治中脱身出来独立运转,将有效克服上述问题,在环保方面带来好处。此外,这也有利于提升水电企业的运作效率。

利益冲突

跟许多其他公司一样,国企亦出于各种理由为自己进行游说。通常来说,较之于私企,它们是更成功的说客,因为它们更容易接近政府部门及官僚机构。它们被政府部门监督,也就能常常与至少一部分政府部门保持联系,而且,它们的一些高层雇员或董事会成员往往直接来自政府,反之亦然。另外,由于它们被认为是为了公共利益而工作,因此对于它们的动机的审查,和对于那些私营公司的审查完全不是一回事。举例来说,唐·纳威(Don Novey),加利福尼亚感化治安官协会的长期主席,是诸如“三振出局”法之类活动的积极游说人,这直接使得监狱人口增加,该州感化治安官人数以10倍数增长,还有费用支出猛增等现状,最终导致加州在监狱管理方面的支出甚至比高等教育方面的支出更高。理所当然,唐·纳威在该协会成员中大受欢迎。假如唐·纳威代表了私人企业的员工,或者更糟,他代言私人监狱的投资者,那么他的这一系列举动就将可能被看作是为在自己牟取私利。

在中国,国企对政治的影响在世人眼里是一项优势。理论上,像中国移动这种央企的管理,首先要接受其主要的所属机构领导——国有资产监督管理委员会的监督。但实际操作中,这些公司和其他政府部门都有着密切的关系。

然而,以生产者角度进行的游说不但对消费者而言危害巨大,也会使得整个经济陷入一个高风险的赌局。

政府财富能加速金融危机

在越南 2005 年至 2010 年的繁荣期间,一些与政府关联紧密的公司得意忘形,在没有足够理由的前提下启动多元化经营,大举借债。

而在印度,国有银行已经觉察到了至少有 1/10 的贷款业务转为坏账,但迫于政治压力,它们仍然采取"贷款延期,假装没事"策略,给裙带企业发放"呆账"贷款。国有的造船企业 Vinashin 公司累积了高达 40 亿美元的债务,一举导致了一场银行业的危机,数位高管因管理不善而锒铛入狱。

中国的银行业虽然没有完全开放或商业化,但仍然被用来支持国企的发展。归因于 2008 至 2011 年期间政府主导的贷款热潮,银行累积了大量不良贷款。国企往往更容易获取贷款,即使毫无偿还能力,也活得好好的。尼古拉斯·拉迪在 2010 至 2012 年的研究显示,私营企业平均只得到所有企业的贷款的一半,但创造出了中国 GDP 的 2/3 至 3/4。由于国有企业的收入远远低于其投入的资本成本,利率市场化将导致更多信贷流动到私营行业,因为它们能够支付稍高的利率之后仍然略有盈余。[①]

在以上每个实例中,国有企业或银行均通过游说,使得其所有人及银行的监督机构同意放松监管。私人银行及企业当然也会开展游说,不过它们基本不能轻易达成利益交换,而这些交换在国有企业与政府部门之间早就司空见惯了。

---

① Lardy (2014)。

国有企业某些类型的游说甚至会造成非常深远和破坏力巨大的严重后果。

以美国的“房利美”（联邦国民抵押贷款协会）及“房地美”（联邦住房抵押贷款公司）为例。两者都是政府赞助的企业或准政府机构，自建立以来，一直以行事谨慎著称。但是在2003至2004年期间，一系列账务丑闻玷污了它们管理良好的信誉。几乎在同时，它们在降低贷款利率及安全性、稳健性方面的贡献也受到了质疑。有人甚至质疑它们是否应该继续持有房屋贷款——这是它们最盈利的业务。不过最后，共和党参议员从委员会中撤回了一项可能禁止它们继续这项业务的提案。在此之后，可能是为了重建信用能力，“两房”明显增加了次级贷款规模，同时为了获得更多的借贷进行了相关制度的游说。

为了更好地管理政治风险，这些政府赞助企业需要给议会成员们提供非常慷慨的“大礼包”。竞选赞助当然是其中的一个重要方面。在2000年至2008年的竞选周期内，政府赞助企业及其雇员为数十位参众两院的议员贡献了高达1 460万美元的竞选资金，其中的大多数议员们都在赞成保留政府赞助企业特权的委员会中担任重要角色。①

房利美很明白怎么从它的借贷活动而不仅仅是它的资产中获取政治好处。它常常从与自己有正常业务往来且从中获利的企业如证券业、房地产开发商以及地产中介那里争取帮助，为各种募款活动提供赞助，支持那些对政府赞助企业起到关键作用的议会联盟。除了能拉来竞选资金以外，这些政府赞助企业（尤其是房利美）在重要立法者影响的区域和州里设置“合作伙伴办公室”，雇佣立法者们的亲朋好友担任当地办公室职员，大大强化了自己在国会中的话语权。

它们的游说活动简直可以称得上是传奇了。在1998年至2008年期间，房地美花在国会游说上的资金大概是9 500万美元，而房利美大概是8 000万美元。这使得它们在那阶段的游说费用排行榜上名列第13及第20位。并不是所有的花销都拿来联络国会议员了，有时这些政府赞助企业雇佣说客仅仅是为了防止它们的对手得到相应的帮助而已。更有甚者，由于说客们经常是这些法律制定者关系网中的一员——有时就是它们的前任职员，这些游说费用鼓励国会

① Common Cause（共同事业组织，2008）。

议员们成为房利美和房地美的支持者，变相帮助他们的朋友提高收入来源。

其他一些信贷危机的产生也可以归因于这种游说行为，既有源自公有企业的，也有源自私有企业的。较早发生于20世纪80年代美国的“储贷”危机是2000年前发生的最大金融丑闻之一。1986年至1995年期间，有将近1/3的“储贷协会”(3 234家当中超过1 000家)破产，这些储贷银行(通常也被称为“储蓄机构”)并非正式的国家所有机构，但是在实际操作中很多与当地政治家们有着错综复杂的关联，有些甚至完全被当地的政治家控制。其中的一个例子是林肯储贷协会(Lincoln Savings and Loan Association)丑闻。在这个案例里，五位参议员即所谓的“基廷五人组”，被卷入丑闻，基廷名为查尔斯·基廷(Charles Keating)，他的政治关系复杂，通过自己的房地产公司实际控制了林肯储贷协会。在这个特殊的案例里，基廷在80年代后期向这五位参议员贡献了大约140万美元的政治献金，让这些议员干预了联邦法规部门对该银行的监管调查。

再举个例子，1988年西弗拉多储贷协会(Silverado Savings and Loan)的破产崩溃，给纳税人带来了13亿美元的损失。尼尔·布什(Neil Bush)是时任副总统乔治·H. W. 布什(George H. W. Bush)的儿子，当时担任这家机构的董事局成员。美国储蓄机构监管局在调查西弗拉多储贷协会之所以失败的过程中，发现尼尔·布什卷入了无数类似“在涉及利益冲突的情况下违反了信托责任”的事件。作为主要负责人，布什向他的两个生意伙伴批准了总额为1亿美元的贷款，但最终演变成为坏账。

在最近的一次金融危机中，一个类似的情况将西班牙带入破产的边缘。西班牙的区域性银行并不总是归政府正式所有。更常见的情况是，它们归属于一些基金会，但在实际操作中，这些银行的董事会常常跟当地政界人士紧密联系，合作办公，政客们鼓动他们向当地发展项目大肆借款。当房地产泡沫破灭，这些银行纷纷破产。西班牙的大型私人银行被迫吸收合并了其中的许多家，结果也让自己面临着重重困境。

即便在运行良好的德国，这些区域政府所拥有的银行也成为灾区。下面的这个例子并不极端，但这个故事以不同的方式被演绎了很多遍。2007年，巴伐利亚州银行(Bayrische Landesbank)——这家由巴伐利亚纳税人所有的联邦银行，很乐意拿市民的钱去冒险，以 16 亿欧元的代价，去收购一家位于完全不同国度的银行——奥地利海珀银行（Hypo Alpe Adria）。巴伐利亚州银行希冀能借此拓展到东欧市场。在此之前，它输掉了对于总部在维也纳的巴瓦克 PSK 银行（Bawag PSK Bank）的竞价，让人不由猜测，这就是它为什么如此迫切想并购奥地利海珀银行的原因。仅在两年之后，这次冒进行为就以眼泪收场：奥地利政府为避免海珀银行破产，决定将其国有化，而巴伐利亚纳税人为此付出了总计 37 亿欧元的代价。

当巴伐利亚州银行并购海珀银行时，其监督委员会中有数位当地的政治家。这四位巴伐利亚州政府的高级官员包括科特・法腾豪（Kurt Falthause，州财政部长），艾文・哈珀（Erwin Huber，州经济部长），昆特・贝克施泰因（Günter Beckstein，州内务部长）以及乔治・施密特（Georg Schmid，州内务部秘书长），他们都是埃德蒙・施托伊贝尔（Edmund Stoiber，曾经担任基督教社会联盟主席，其后担任巴伐利亚州政府总理）的手下。[①] 尽管这次并购对于巴伐利亚州十分重要，对于州内的主要金融机构有着如此深远的影响，但据有关媒体对于该次事件的报道，在与并购有关的六次会议中，哈珀和贝克施泰因从未出席过任何一次会议，施密特只出席了一次。

巴伐利亚州银行与海珀银行之间的合作终止于一连串的调查委员会、起诉、刑事诉讼以及民事案件。七名前任监督委员会成员于 2014 年年初被移交司法审判，他们中间还包括前 CEO 和董事会主席威廉・施密特（Wilhelm Schmidt），以及他的继任者迈克尔・科莫（Michael Kemmer）。他们被指控罔顾风险，并支付了过高的购买价格。

我们的重点不是要突出这场几乎是闹剧一般的事件中国有银行管理不善的行径。我们更想要指出的是，控制这些银行董事会的人，与政府中那些必须在经济政策、银行监管等方面做出决策的往往是同一批人。政府又要当监管者，又要当所有者，这就不可避免造成了利益冲突。这种政府官员、政客与企业间相互交织的混乱关系，在私企中几乎是完全行不通的。

① 南德意志报（Süddeutsche Zeitung），2010 年一系列文章。

以上这些例子都向我们展示，以公共之名拥有财富，能将一个国家的民主进程与经济政策以难以琢磨的方式引向危机的深渊。

忽视消费者角度

在国有行业更加广泛的国家里，那些虽然微弱，但仍然具有腐蚀效果的情况正在上升。

这种现象产生于政治家被迫承担的双重责任：首先，为公共服务界定需求并提供财政支持，其次，通过公共企业提供这些服务产品。这就造成了显而易见的利益冲突。顾名思义，“一切为了人民”的政府，应该站在消费者的角度。它的职责应该是保护消费者及公共利益。对于一些政府来说，这是很难搞定的任务，因为对于它们来说，一旦国企管理者经营不利，这些政府就要承担责任。

因此，政治家们很自然就会做出这样的选择（虽然这个选择有误导嫌疑），那就是通过公开指令董事会成员代表，或直接任命党员们到管理岗位的方式，希望迫使这些企业能够迎合选民的需求。但矛盾的是，这个策略往往产生相反的效果。那些置身于国企管理层的政治领导人物同样将自己暴露在选民苛刻目光的注视之下，一旦情况恶化，选民会责怪这些政治人物，令其承担责任。结果就是，政治家们在制定消费者需求及国企表现透明化方面兴趣缺乏。因为这些举措只能增加管理不善被曝光的风险，指责会直接落到当时在任的政治家们头上。

举例来说，政府拥有的法航及德国汉莎航空公司一直没有提供低价机票的想法，直到有了私营竞争者后它们只能被迫参与。法国与德国的历届政府作为这些航空公司的所有者，对消费者毫不尊重。与之相反，它们热衷于海外扩张。它们屈从于工会的压力，给飞行员与其他雇员支付高昂的薪酬待遇。这种状况导致的消费者流失，在与全球范围内如雨后春笋一般冒出的廉价航空公司（如挪威航空公司〔Norwegian〕，欧洲第三大廉价航空公司）的竞争中显露无遗。

挪威航空公司这个小型“暴发户”一开始仅仅是在2002年后作为低价航空公司进行经营，但它的管理效率远高于它的竞争对手——国有的北欧航空（SAS）。当北欧航空还在持续的重组中挣扎，看不到盈利的可能性时，挪威航空自2006年以来实现了持续盈利。现在它的业务已经拓展到欧洲之外，向世界上几乎所有的角落提供航线。它的竞争对手工会组织（比如美国劳工联合会-产业工会联合会〔AFL－CIO〕这种美国最大的联邦行业工会组织），以及一些美国的政客们，指控它是在进行倾销行为，并游说华盛顿，阻拦其子公司挪威国际航空公司拿到执照——这家子公司在爱尔兰注册，提供长途飞行服务。然而与此同时，消费者用持续增加的消费数量，表明了他们对这家公司的肯定。

公有制的支持者常常担心土地或其他资产如果置于私人之手或者被卖给私人，可能导致的过度利用。然而很多情况下，运行方向恰恰相反。不少非洲国家已经证明，野生动物在私人庇护下往往比在公立的国家公园里被保护得更好。在美国有一个可能比较极端的公有土地过度开发利用的例子，即内华达州牧场主克莱芬·邦迪（Cliven Bundy）及其所谓"爱国党（Patriot Party）"事件。邦迪想要在内华达州内联邦所拥有的土地上放牧，但是他拒绝付费，连申请放牧许可证也不愿意。当联邦土地管理局的官员、承包商和执法人员试图强制执行法院命令，没收公共场所的牛群时（这些法庭命令已经经过了长达20年的法院诉讼程序），他们遭到了强烈反抗。邦迪召集了超过1 000名支持者，不少人携带武器全副武装，公然表示了对政府代表们的蔑视。

执法人员希冀执行法庭命令，让邦迪把那900多头在联邦所有的土地上吃草的牛带走。邦迪的私人支持者则带来了令人瞠目结舌的军械。在短暂紧张的对峙期间，训练有素的示威者朝他们的假想敌使用了突击步枪。最终，政府释放了他们围捕到的400多头牛，并打了退堂鼓。邦迪和他的支持者们被斥为极端分子，但支持者中有各种各样的立法者，如迪恩·海勒（Dean Heller），他是内华达州的共和党参议员。

虽然这一事件过于夸张和戏剧化，但它显示了政治压力在很多时候是如何让联邦土地成为没有保护的土地这一现实。那些有权使用联邦土地的特殊授权很少被撤销。这使得内政部土地管理局几乎成为官僚机构的噩梦。除了过多的繁文缛节，五花八门的补贴（每年高达数亿美元）不仅欺骗了纳税人，事实上也鼓励了过度放牧。

同理，弗朗西斯·福山（Francis Fukuyama）令人震惊地披露了美国森林管理署是如何从一个相当独立、高度职业化的国家森林的“看护人”逐渐退化的。[①]如今，这似乎是一个相当臃肿、功能失调的官僚机构，在众多的来自国会和法院相互矛盾的指令下艰难运作。

在描述了糟糕的机构管理政府财富带来的恶果后，接下来的问题就是公共财富到底有多大规模，它如何为国家的内部发展做出更大的贡献。我们将在第四章中探讨这个问题。

① Fukuyama (2014a)。

4

公共财富的规模与潜力

4

The Size and Potential of Public Wealth

> 更好的管理可以给公共资产带来更大的资本利得。年回报率增加一点点，当期价值就可以增加很多。当然，对公共资产的估值应建立在当期回报基础上，不能指望天上掉馅饼。

在前面的章节里，我们研究了过于广泛的公共商业资产会给监管、GDP 增长和民主进程带来的有害影响。然而公共财富并不仅仅包括国有公司。实际上，各级国有企业（中央、地方或地区）和金融机构只构成了所有政府资产组合的最小部分。公共商业资产的最大组成部分，其实是房地产：那些具有经济价值，但不显现在任何财务报表中的财产和土地。

这些资产里面最上层的是基础建设，包括道路、桥梁和铁路等，不过这不在我们希望给予估值的公共资产范畴内。它们由政府预算融资，不一定有市场价值，但是如果进行良好管理，能够促进经济发展和增长。类似的资产还包括国家公园等其他资产，它们由准政府组织持有，由那些具有政府官员头衔的政客们负责运营。

到底有多少公共财富可以拿来派更好的用场呢？国家又有多少选择的余地呢？《经济学人》在 2014 年 1 月 11 日发表封面文章《一笔 9 万亿美元的大拍卖》，[①]

---

① *The Economist* (2014) "The ＄9 trillion sale", January 11。

突出指明了公共商业资产的规模，敦促对这些资产立刻进行私有化，以重建公共金融财务健康。

20世纪最后四分之一的时间里，世界存在着一种关于国有制和私有制的争论，普遍充满着暴力和理想化。我们把这场争论叫做“怪战（奇怪的战争）”。这场激烈的争论忽视了一个最重要的问题，就是资产监管的质量。对于任一所有权形式，不管是私有、公有、共有或者公司化所有权形式，都有大量不同形式的管理模型/模式。选择正确的管理模式，在收益和价值体现上，对资产的所有者——纳税人以及对消费者来说有着至关重要的影响。打个比方，大家讨论一个桌子归谁所有已经太久，是时候去关注一下桌子上那些快要被特殊利益群体瓜分殆尽的利益了。

在本章中，我们将要讨论那些锁定在国有资产上的现值和尚未实现的潜在升值空间。随后的章节里我们会聚焦如何对公共财富实施改革，以及提供更好的监管。

迷雾重重的价值评估之路

因为许多国有财富都处于隐而不见的状态，全球范围内大多数国家对于其治下的财富都只有个拼拼凑凑的不完整的概念。差劲的会计标准，模糊和错误定义的经济统计，还有缺乏整合完善的资产清单，都是构成这些问题的部分原因。大部分的账目由政府中央部门保管，分类随意模糊，有的标记成金融类资产，有的标记成非金融类资产。

由于各种规则制定并不延续统一，公有房地产资产要么见于官方的地籍测量报告，要么见于一些毫无次序的土地登记簿，所保存的地方也隶属于不同的政府管理部门。那些想要对信息进行集中统一的尝试也遭到了抵制，一些部门害怕丧失某些权力，拒绝提供它们所拥有或者所管辖的信息资料。[①]

然而，很少有哪个政府像希腊政府这样，即便面临着严峻的挑战，却仍然没

① Grubišić et al.（2009）。

有建立恰当的土地登记制度。希腊尽管在过去的20年间从欧盟获得了价值超过1亿美元的援助来建立国家土地登记制度，但仍然仅测绘了不到7%的土地。[①] 绝大部分政府资产都没有完备的档案记录，甚至连简要清楚的名称都没有，无法进行登记、区划和许可证书的颁发。

许多国家在试图为公共财富估价时，面临的最大挑战就是跟房地产相关的资产。这些资产记录通常都已碎片化，分布在不同的部门内，每个部门仅仅掌握自己手中的一小块，并拒绝让别人来获得这些相关信息。任何试图进行价值评估，为资产管理列出预算和计算公共资产组合收益状况的行为，都被拖拖拉拉和官僚主义给淹没了。结果就是，资产的管理总是就事论事，被动应对。[②]

仅仅使用更好的会计准则和预算方法，资产运用并不会自动变好。要想合理运用资产来创造价值，设置专业、统一的机构同样十分必要。目前许多国家的机构设置都面临同一个问题："政府到底想不想进行更有效的管理?"想想美国吧，它的地方政府通常都把预算、会计和资产管理归入不同部门，分散管理，毫无交集。

政策分析和统计通常将注意力全部集中在中央政府所持有的金融资产以及更加引人注目的上市央企上。目前很少有人关注如房地产这样的非金融性资产的估值。更有甚者，就像冰山的状态那样，处于较低一级的地方政府和区域级政府所持有的资产，或者更多无法具名的其他土地和财产，几乎无法找到它们的相关信息。现在我们可以这样假设，如果包含了这些资产的估值(起码要有一些，不管准确与否)，并将这些信息透明化、公开化，一个国家的财务报表将会变得多么好看。不过，这不是一个简单的任务，大多数国家会有畏难情绪。

首要的概念性问题是，国有资产的价值完全取决于经营的好坏。盈利能力低下的国有公司，如果利润仅能抵扣资产的贬值，当其市值计入资产负债表的时候，其实没有任何价值。只要管理效率能改进一点点，盈利能力提高一点点，都能带来预期收益，从而提高当期价值。

---

① *The New York Times* (2013)"Who owns this land? in Greece, who knows?",May 26。

② Grubišić, et al. (2009)。

当涉及政府拥有的土地时，这个用于确定资产的真实价值的概念问题尤为恰当，因为不涉及土地使用的机会成本。比方说，各国军方拥有的建筑和土地往往市值很高，其实它们的用途很容易在市值较低的地产上实现。近来发生了不少这样的例子，伦敦市中心的几个兵营，比如切尔西兵营位于伦敦最昂贵的住宅区，最近刚刚出售给卡塔尔迪阿房地产公司（Qatari Diar）和 CPC 集团，用于土地开发。

很多时候，这些未能妥善利用的资产往往被看作价值为零。比如，美国内政部通过土地管理局管理着 2.6 亿英亩（1.05 亿公顷）的土地。全球已知油页岩的主要来源，是美国的绿河层（Green River Formation），位于科罗拉多洲、犹他州和怀俄明州。但这些土地绝大多数属于联邦和州政府。美国的页岩油和页岩气革命几乎都发生在私有土地上。一块土地上有没有油井，其价值可能大不相同。

以上例子也证实了我们的看法：更好的管理可以给公共资产带来更大的资本利得。年回报率增加一点点，当期价值就可以增加很多。当然，对公共资产的估值应建立在当期回报的基础上，不能指望天上掉馅饼。有些国家正在谨慎地推进，把历史成本、市场价值和重置成本混合使用来估算公共资产。即使如此，带来的变化也相当可观。

公共资产知多少？

在第二章里，我们谈到经济合作与发展组织估算了央企的价值。但那只是公共财富的一小部分。更大一部分的公共财富是固定资产，包括建筑和土地，很多都掌握在地方政府手中。

比方说，全世界的森林估计总共有 39 亿公顷，约有 86％是公有的，包括 2 亿公顷由部族或社区管理的林地。俄罗斯 100％的林地都是公有的，独联体其他 11 个国家以及其他前社会主义国家也都差不多是公有制占主导地位。在西欧，德国的公有林地占 54％，希腊是 77％，爱尔兰是 66％，瑞士是 68％。在美国，更多林地是私有的，私人业主总共占有了约 57％的美国林地。

根据美国经济分析局的计算，非金融性资产的总值占 2011 年 GDP 的 74%，[①]其中联邦政府持有的份额在下降，已不足 GDP 的 20%，州政府和市政府持有了这些资产的主要份额。

英国、新西兰和瑞典是为数不多的几个对公共资产进行统计，并将其纳入资产负债表的国家。英国有自己版本的“国有资产负债表”，由国家统计办公室统计整理，在 2012 年，该表显示政府持有的金融与非金融资产净值为负 2 590 亿英镑，出现负值主要是由于政府债务，其中中央政府是负 7 630 亿英镑，地方政府是正的 5 040 亿英镑。[②]

好消息是，英国政府为描绘完整的公有资产全景图做出了很大努力。可惜，这幅全景图迄今为止依然支离破碎，要是将同类资产放到私营公司去经营管理，这样的资产估值方法恐怕完全不可能达到会计准则的要求。英国目前的这个负债表源自政府账目总账（Whole of Government Accounts，WGA），是根据英国财政部提出的一套办法，将公有部门大约 4 000 家机构的审计过后的账目整合在一起，为英国的公有部门描绘出一幅比较完整、账户明确的财务全景图。政府账目总账建立在国际财务报表准则之上，国际上许多私营业务都采用这个准则。账目由审计官和审计长独立审计，2013 年年底，政府总资产为 12 640 亿英镑（相当于 19 870 亿美元），其中约 7 470 亿英镑为土地、建筑、民居、基础设施以及其他物业、工厂和设备，约 5 160 亿为贸易与其他应收账款、贷款、银行存款，以及其他资产。以上总值约占 GDP 的 70%。[③]

政府账目总账还记录了金额高达 28 930 亿英镑的总负债，同时净负债（净所有者权益）则为 16 300 亿英镑。有人认为，不管是用国有资产负债表的方法还是根据政府账目总账，若以私营企业的标准来看，政府早已破产。当然这个看法有失偏颇，因为政府可以用未来的税收（未计入流动资产）支付未来的养老金债务。

在较早的 2007 年，英国财政部还推行了国有资产登记制度（National Asset Register，NAR），它们对所有部门进行问卷调查，登记了所有由中央政府持有

① 指 2013 年的数据。

② Office for National Statistics（国家统计局，2012）国有资产负债表。

③ HM Treasury（英国财政部，2014）政府账户总账，2012—2014。

的资产。这次调查记录了全部的有形固定资产(包括军用资产和有历史遗产性质的资产)、无形固定资产(例如软件使用许可证),以及政府部门持有的固定资产投资(例如持股),但流动资产没有计算在内。国有资产登记的结果显示,2007年英国所有中央政府部门拥有的资产的账面净值是 3 370 亿英镑(相当于 5 300 亿美元)。①

除此之外,根据 2014 年的当地审计与责任法案,审计委员会有望于 2015 年 3 月发布“货币价值曲线图”,将当地市政和消防部门的成本、绩效的公开数据和实际行为结合起来。在市政部门的账簿里,一个市政部门可以用于从事各种活动的资产称为账面净值(Net Book Value, NBV)。它记录了市政资产的价值,同时考虑了折旧的因素。2012—2013 年,全英国市政部门的账面净值为 1 700 亿英镑。②

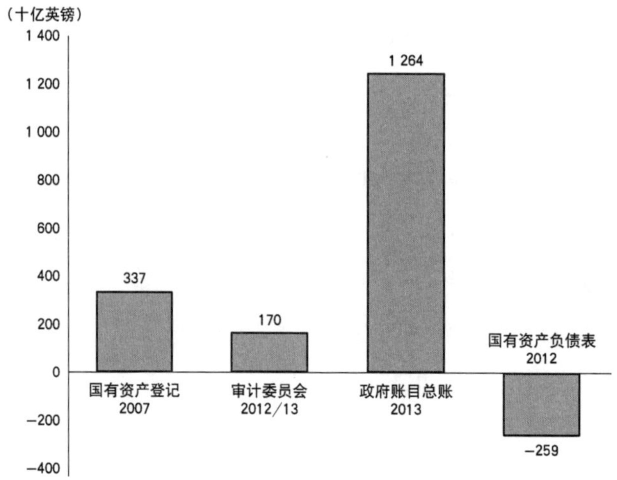

图 4.1　四种相互重叠的方法对英国公共财富的估值

不过,由于缺乏统一的地籍或不动产登记制度,有一个问题依然存在:政府是否能够完全掌握所有属于政府的资产,不管是在中央,还是在地方或者地区政

① HM Treasury (2007)国有资产登记。

② Audit Commission(审计委员会,2014)管理委员会物业资产。与公有部门净债务数值不同,是因为 WGA 使用的国际财务报表准则比公有部门净债务的范围更广,由于纳入了固定资产,例如地产、厂房、设备,以及公共服务养老债务,因此更值得注意。

府？更进一步，如果没有专人管理以及统一的客观标准对数据资料进行集中、整合，资产数据信息是否足够连贯，以至于可以用来评估资产潜在的市场价值？

审计委员会提供的数据仅覆盖了当地市政数据，地域上也仅限于英格兰地区。国有资产登记制度仅仅涵盖了中央政府持有的资产，以 2005 年 3 月 31 日的账面净值计算，让我们可以将国有资产登记的数据和发布在政府资源账户内的信息之间进行比对。如果发生并购或资产处置，资产估值按照交易时的账面净值来计价，只统计价值超过 100 万英镑的资产。因此，对于很久以前收购的资产或其他低价资产，它们的真正价值肯定是被低估了的，其实，这些资产具有非常可观的市场价值。

如果数据整合无误，来源解释清楚的话，英国中央政府拥有的商业资产账面净值非常有可能比前文所有的估值还要高。中央政府持有的全部资产的市场价值可能与当年的 GDP 相当，而地方政府持有的商业资产又会是中央政府资产总和的好几倍。

值得庆幸的是，借着这股追求进一步透明化的东风，英国中央政府与地方市政正在寻求资产管理的新的解决方案。比如，通过长期租赁或让私营企业或社区组织参股，市政部门可以重新配置公共资产，同时保留该资产的公有产权。① 还有别的创新方式，比如在肯特(Kent)，帮助地方公共服务部门合署办公，持有较少的，但是质量更高的建筑物资产，提高使用效率，降低工作成本。②

在所有公有房地产领域管理良好的国家里，英国即使算不上最透明的国家，也肯定是其中之一了。可是从上文中我们可以看到，英国政府尝试了各种估值方法，产生了各不相同的结果，还是无法跟私营部门的管理水平相提并论，也不足以支持这股庞大的资产组合的有效管理。比特早在 1983 年就提出，③我们仍然需要设计出一种合理的国有资产负债表，连贯地整合统计所有类型的资产。由于缺乏完整的固定资产库存清单，评估各类公共资产时也采用了各不相同的估值方法，这些资产无法找到相对应的准确市值。这些都阻碍了政府制定连贯

① Manning(2012)。
② Baber (2011)。
③ Buiter (1983)。

统一的使用策略，造成许多机会成本。几十年来，人们不断重复劳动，试图创造出类似私营部门那样的，适用于公有领域的管理工具和组织机构，但绝大部分都以失败告终。

全世界的公有财富

迄今为止，国际货币基金组织为统计各个国家的公共资产数据做出了最大贡献。[①] 但尽管如此，它也才仅仅统计了 27 个国家，而且国家间的比较依旧不可靠，所有的估算都偏低了。

绝大多数国家都披露了金融性资产（按照国际货币基金组织的定义，包括国企的股份）以及构成所谓“生产资料”的非金融资产。这些资产包括固定资产（建筑、机械及设备），存货，知识产权，其他贵重物品例如艺术品、贵金属、珠宝。

很少有国家统计“非生产性”资产，例如自然资源，像石油、天然气或矿产，合同，以及租赁业务资产。[②] 非生产性资产可能成为政府的财富和收入的重要来源，比如，澳大利亚 GDP 的 69％，哥斯达黎加 GDP 的 48％，以及日本 GDP 的 26％，都来源于此类资产。更重要的是，将多大范围内的地方、地区公有资产计入统计范围，国与国之间标准各不相同，资料也往往并不完整。

即使存在这么多不利因素，这项活动的统计结果仍然发人深省。尽管非金融资产往往被低估，多数时候它们仍然高于金融性资产。更引人注意的是，几乎所有国家的金融与非金融资产的总额都超过了公共债务，包括几个著名的债台高垒的国家如法国、德国、日本和英国。美国的资产和负债基本持平。

图 4.2 展示了国际货币基金组织评估的几个国家和地区，以及本书作者评估的其他国家的结果，包括瑞典、乌克兰、拉脱维亚、立陶宛、斯洛文尼亚和以色列（仅包括了部分地方、地区公共资产及非金融资产）。请注意，这些是统计数据最完整的国家和地区，不一定是公有资产最多的国家和地区。比方说中国就没有列入。

---

① 例如，可参见“IMF(2013)”。

② 国际货币基金组织的数据，仅计入了 27 个国家中 16 个国家的非生产性资产。

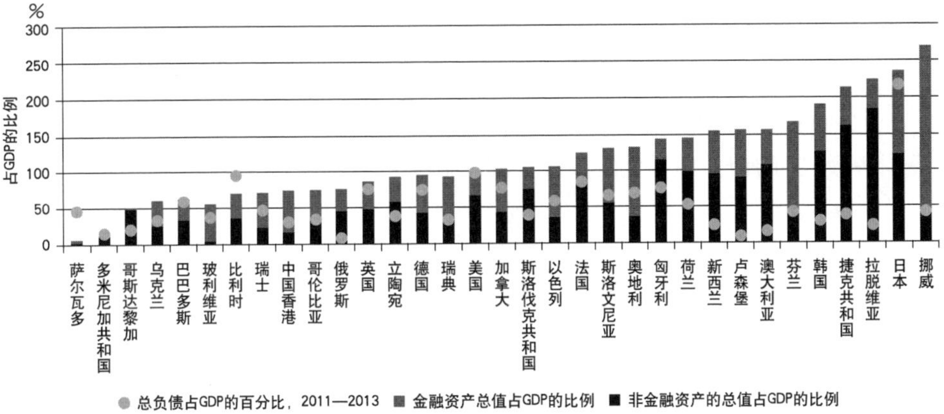

图 4.2 政府总资产和负债所占 GDP 的比例

资料来源：国际货币基金组织(2013)；本书作者

平均来看，国际货币基金组织评估的这 27 个国家，公共资产的总额相当于 GDP 的 114%。即使按照 GDP 的大小做加权平均，政府资产仍大于 GDP。我们计算的其他国家的情况也证实了这一估算。[①] 我们以这些国家的情况简单推算全世界，那么全球公共资产不仅超过了公共债务(54 万亿美元)，而且还超过全球的 GDP 总额(75 万亿美元)。我们也采用了更复杂的计算，考虑了国家之间的区别，结果相去不远。[②]

中央政府官方所提供的价值评估往往是偏低的，问题出在会计准则以及缺乏公共资产的汇总清单上面。地方政府的资产和自然资源还没有参与统计，或仅仅部分参与统计。平均来看，地方政府所持有的非金融性资产超过了总量的一半。对于那些统计了地方政府持有资产价值的国家，这个比例还要更高。这些都

① 这些国家之一是乌克兰，我们将在下一章节描述。另一个国家是瑞典。我们对瑞典的估计采用了普华永道的基于税收价值对房地产进行估值的方法。对中央政府持有的央企价值来自瑞典政府的 2013 年年报，价值 5 000 亿瑞典克朗。此外，普华永道对房地产和供水业务的估值为 200 亿美元。总而言之，瑞典的非金融资产的估值为 2 300 亿美元。

② 我们预估了解释金融与非金融公有资产的规模的回归，是一个 GDP、人口规模、民主程度、自然资源丰富程度、总负债的函数。这些回归估算的系数随后用于计算每个国家的公有资产的预计价值。这种推测世界公有资产的方法，更好地考虑了我们能找到公有资产价值的国家与找不到这一价值的国家之间的结构性差异。

意味着，如果国家完整统计了地方一级资产，公共资产的总规模还会高出许多。

总而言之，我们认为各国中央政府持有资产的总额至少与 GDP 持平，大约是 75 万亿美元。事实上，这一数值基本上是被低估了的。但最起码，可以促使各国各级政府加大力度，全面深入了解它们所持有的财富。

全球化视角的资产管理与公共商业资产

我们还可以从财务的角度来分析公共商业资产管理。让我们来比较一下私有资产与公有资产的管理方式。到 2013 年年底，全球各家退休基金、主权财富基金（SWF, sovereign wealth fund）、保险公司、富裕阶层和高净值人士拥有的资产总额高达 180 万亿美元，其中大约 36%是由外部的资产管理行业的专业理财经理打理。①

如果我们把中央政府和中央银行②当做人民的"财富管理经理"，那么我们就可以像图 4.3 那样进行比较。很显然，无论怎么比较，政府这个理财经理的资产都是最多的。

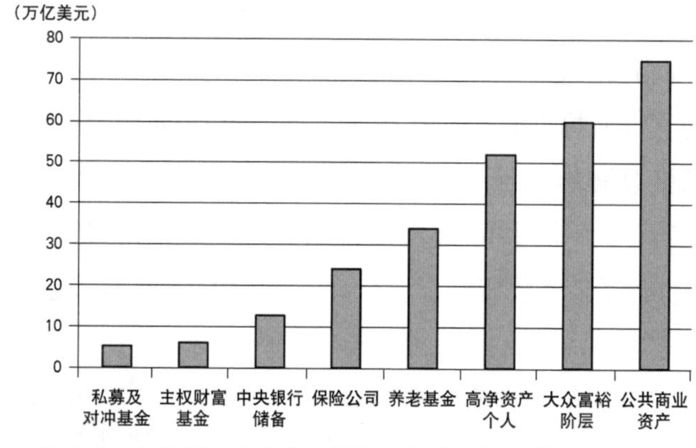

图 4.3　政府是最大的财富经理：各类由外部管理的资产

资料来源：普华永道(2013)，世界银行，本书作者的计算

① PwC(2013)。

② 基于世界银行数据，2013 年总储备(包括黄金，以当前美元价值计算)。

政府仅仅将一小部分业务外包给理财经理。我们要是想问问公共资产中有多少是交给专业人士以国有财富基金形式进行管理的,答案是仅有 1 万亿美元(或是小于 1.5%的份额)是交由外部专业人员管理的。① 因此,公共资产其实是所有资产类型中,外部专业理财经理涉足程度最低的类型。

另一个办法是,把全体公民视为财富的最终主人。表面上看,私有公司所有的财富体现在每个股东的股份价值上,归根到底也是属于特定的公民。图 4.4 是以家庭资产及公共资产合并方式显示的全球财富(已扣除负债)。②

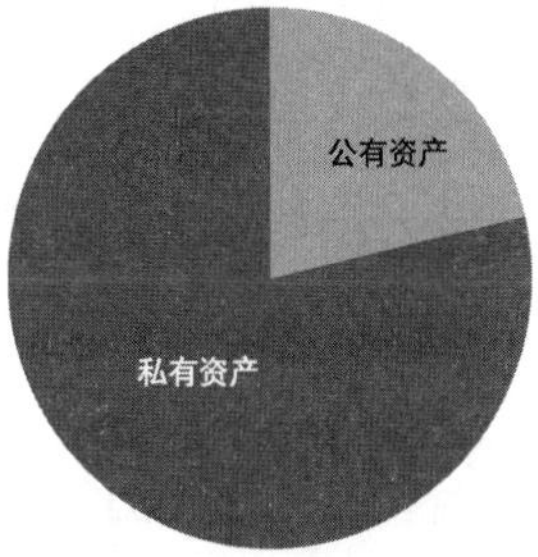

图 4.4 全球公有与私有资产分布图

资料来源:瑞士瑞信银行(2014),本书作者

努力量化公共资产的价值之后,这些资产是否具有高额回报,对于这些资产的主人——公民们,有何等重要意义呢?

公共财富的高额回报对经济的影响

我们预先设定公有商业资产的规模至少与 GDP 持平,这意味着如果给予较好的管理,公有资产的回报率每提高 1%,相应地,当年 GDP 就能提高 1%。若能提高 2%,就足以支付全球在研发方面的支出;若能提高 3.5%,就会等于全球在基础建设方面的开支,包括交通、能源、水利、通信等。但这些隐蔽的资源从何而来,提高公共财富收益率蕴含的宏观经济意义是什么? 这个问题可能令人困惑,但却值得仔细研究。

我们可以从两步实验开始。第一个假设,设想一个国家的公共财富全部由存在银行里的现金组成。在这种情况下,利率很低,也不太可能加息。想提高公共财富回报率不太可能。换另外一个假设,假如公共财富全部投资作为生产资

---

① 表 10.1 列出了全球的国家财富基金以及它们的资产价值。

② 基于 Credit Suisse(瑞士信贷,2014),全球家庭财富达到 263 万亿美元,其中一半是金融资产,另一半大部分是房地产。

金，以机器设备和厂房的形式投入一个国有工厂。下一步，公共财富的回报率如果能增加 3.5%，其他条件不变，假设公共财富与 GDP 持平，这就表示 GDP 总量提高了 3.5%——注意，这不是说 GDP 的增长率直接上升 3.5 个百分点，那就太高了。如果部分收益用于再投资，那么增长会更持久。如果额外收益都被消费掉了，其影响是，与公共财富回报率维持在较低水平时相比，新的 GDP 会稳定在一个高出 3.5%的水平上。

这些都能够实现么？事实上，有相当多的研究材料表明，公共投资对 GDP 水平及其增长率有重要影响，①后面的章节我们会用更多的细节来证实，公共投资由于投资质量的好坏，效果可能大相径庭。通过比较，我们的结论是，公共生产性投资的回报率提高 3.5%并非痴人说梦。比如，从 2008 年起，中国的国有企业资产平均回报率大约在 4.6%左右，同期私企平均回报率是 9.1%。②

当然，公共财富的回报率还与公共资产价值的变动有关，这与实际投资项目没有关系。例如，如果马萨诸塞州将波士顿洛根机场(Logan Airport)从昂贵的海边迁移到便宜的内地去，海边的土地就可以从房地产开发中大幅升值，收益将远远超过机场搬迁所需要的开销。间接地，GDP 也会从随之而来的投资与增长前景中大大受益。此外由于人们更喜欢海边风光，生活水平也会提高。但主要受益者则是国有财富，这些财富之后可以用来进行诸如基础设施之类的很有市场需求的投资。

基于这些要素，通过对公共财富进行更好的监管来提升回报率，对宏观经济蕴含着以下四个方面的影响力：

(1) 更好地管理流动金融资产：更高的回报能在不需要 GDP 增长的前提下增加公共事业收入。本书中基本上没有谈到这一点，但这其实显然应当是大家应该追求的战略目标。

---

① 例如，Bom 和 Ligthart(2010)。

② 根据龙洲经讯(GaveKal Dragonomics)，这是一家以北京为基地的经济研究机构。这些数据可能不能严格用于比较。可能有私营机构回报包括了未计价的公有服务的收益。一旦这些服务得到妥善计价，公有资产的回报率会上升，而私营资产的回报率会下降。寻租就是一个典型例子：私营机构得到回报，实际上其应该属于纳税人。

(2) 更好地管理国企：提高国有投资的生产率，促进 GDP 增长，同时由于未来业绩增加，也提高了企业自身的估值。例如，挪威国家石油公司的估值比俄罗斯天然气工业股份公司的估值要高得多。①

(3) 更好地管理公有不动产与基础设施：

- 可以提升国有投资的生产率，从而促进 GDP 增长；
- 可以产生社会价值，例如科学地进行基础设施投资可以缩短交通时间，促进 GDP 增长以及提升 GDP 无法计算的生活水准；
- 由于不动产增值，产生资本利得。

(4) 更高、更精确的公共资产估值：可以降低国家债务的风险溢价。这一方面可以直接降低公共支出，另一方面还能降低银行以及其他大企业的利息成本。本书基本不涉及这方面的讨论。

在本书后面的章节中，我们会向读者展示，通过对以上几个渠道加强管理，让公共财富的回报率提升几个百分点是完全可行的。不过首先，还是让我们好好看看乌克兰，这是个很有说服力的例子：虽然持有巨额公共财富，可是由于管理松散，导致国家面临破产的边缘。

乌克兰的例子

自乌克兰 1991 年独立之后，寡头基本已经主宰了整个社会。在 20 世纪 90 年代初，曾经由共产体系持有的巨额公共资产以低廉的价格转移到了关系亲密的亲信们手中。即使这个国家持续在《经济学人》杂志的裙带资本主义排行榜中排名最高，②剩下来的公共商业资产仍然占据了乌克兰经济的重要份额，主导着交通、水电、能源和不动产行业。

对政府而言，其资产组合内包含这些企业，既是机会，又是财政风险。机会包括：重建、自由化以及可能的红利。而风险是指这些企业对来自财政支持，以

① 挪威国家石油公司的价值要高得多，尽管它的深海油田和气田的开采成本要高得多。

② *The Economist*(2014b)。

及其他形式的预算资源的需求，例如需要对企业发债进行担保或提供信贷额度。

乌克兰政府的商业资产组合包括企业、金融机构，以及超过 3 500 家的中央政府持有的实体，这些实体都是全资国有机构，很多都不活跃（不包含房产性资产）。[①] 机构里面还包括乌克兰最大的两家银行，即乌克兰国家进出口银行（Ukreximbank）和乌克兰国家储蓄银行（Oschadbank）。

乌克兰的公有商业资产总额应该比现在保守估计的 700 亿美元（GDP 的 60%）要高出许多。仅乌克兰国家石油天然气公司（Naftogaz）这一家公司，估计就占了这个价值的大半份额，因为这家公司在自由化之后被拆分为交通、仓储、配送和提炼等好几大块。不仅如此，乌克兰的资产构成几乎完全没有统计，大部分甚至都无人知晓，这里面包括了该国绝大多数商业资产和全部的森林资产。

2013 年，乌克兰国家一级的公共资产遭受了重大的财务打击，其损失高达 GDP 的 11.8%。[②] 与此同时，私有化进程停滞不前，当年私有化总量不到同年 GDP 的 0.2%。雪上加霜的是，政府给国企提供了大量债务担保，总计达 GDP 的 8.4%（截至 2014 年 5 月），其中 77%是以外币计价，使得国家财政面临严峻的汇率风险。[③]

乌克兰的财政和经济风险由于地缘政治因素明显恶化，其中包括了一条计划中的第四条管线——南方线（跨过黑海，连接俄罗斯和欧洲）。虽然该管线目前还未动工，但一旦开工，俄罗斯向西欧的输送能力将大幅上升，会导致乌克兰国家石油天然气公司的重要性明显下降，乌克兰的输送和仓储资产的估值会直线下降，与现在的估值相比可能只剩下一个零头。此外，乌克兰很多至关重要的国有行业都位于国家的东部，目前那片地区的乌克兰政府军正在和亲俄的分裂主义分子以及俄罗斯支持的军事力量持续作战（截至 2015 年 2 月）。这场冲突的爆发会显著影响公共资产组合，进一步打击乌克兰政府财政状况，破坏经济增长。

---

① World Bank (2011)。

② 资源转移预算为财政支持提供的资金总量高达全部 GDP 的 2%，其中包括了国有资产的预计分红，这部分占 GDP 的 0.2%，而预算内外的能源补贴，在 2012 年时超过 GDP 的 7.5%。乌克兰国家油气公司对俄罗斯天然气工业股份公司的累积欠款高达 22 亿美元，相当于 GDP 的 1.5%（乌克兰财政部 2013 年数据）。而为了支持银行业所需的补充资本，GDP 的另外 1%用于相关的补充预算上。

③ Ukrainian Ministry of Finance（乌克兰财政部）。

乌克兰国家石油天然气公司

乌克兰国家石油天然气公司是一家由中央政府持有、纵向一体化的石油天然气企业。它是乌克兰最大的企业，对国家的经济、政治乃至国家安全都具有重要的战略意义。该公司有着混乱且自相矛盾的经营目标、公司职能和主管部门。名义上这是一家商业公司，但却无权对其所在地上用于生产运营的资产主张任何法律权利——一切资产都由国家所有。

历史上，该公司董事会成员中有指定的政府官员，管理层直接向乌克兰内阁和燃料能源部汇报公司规章制度的制定及运营中的各项事务。通过该公司，乌克兰政府每年以低价天然气和取暖成本向每个家庭发放补贴，总补贴价值接近 GDP 的 5%。实际上该公司的国内业务模型完全依赖于政府对其整个价值供应链的巨额补贴。这个补贴系统是国家财政的沉重负担，因为它导致了过度的能源浪费，阻碍了对输送体系的投资活动，也沉重打击了促进国内生产的积极性。在目前该国面临显著预算压力的情况下，这些未成为目标的隐形天然气补贴还占用了本可更具社会价值的投资与基础设施开销。①

2009 年的一份国家审计报告认定，该公司的运营缺乏透明度，关于财务状况和外贸活动的信息自相矛盾，令人困惑。燃料能源部未经明确授权，无法对公司的经营进行监管，当然就算真的给它授权，能源部也缺乏相应的分析管理能力。与此同时，尽管出现了许多严重状况，如公司财务计划明显透支，预算中 4.68 亿美元去向不明，工资拖欠和坏账规模明显上升，大额资金用于“赞助和慈善事业”等，②公司却拒绝让其内部审计委员会接触财务信息。为解决这些问题，为了响应欧盟的第三次能源市场改革方案，乌克兰政府开始了一项计划，希望建立一个商业导向的能源市场，设置公平的关税，解除企业的束缚，确保市场内的企业可持续经营并具有商业价值。

乌克兰是欧洲能源高消耗的国家之一，单位 GDP 能源消耗是经济合作与发展组织国家平均值的 10 倍。这阻碍了乌克兰整个工业领域每个企业的现代化进程。同时因为供给居民和热力公司的天然气持续保持在极低价位，阻碍了任何可能改变市场现状的尝试。

倘若乌克兰能整合所有制形式，设置独立的机构，对公有商业资产进行专业化管理，毫无疑问将会极大地促进民主进程，推动经济发展。政府拥有商业资产的产权带来了许多角色和目标的直接相互冲突；如果能彼此分离，进行专业化管

---

① IMF(2012)。

② 据 Accounting Chamber of Ukraine(乌克兰商会，2009)。

理，尝试综合的所有制形式，应该会显著促进经济发展。然而，要实现这一目标，目前错综复杂、重叠严重甚至有时会自相矛盾的法律体系就需要全新的设计改造。对公有资产进行专业化管理，需要政府机构和充满活力的公民社会强有力的支持。同时，相应地，专业化管理也会为建立更有效的民主社会打下坚实基础，如果再有特殊利益群体想利用说客侵占公共财富，就会完全失去它们立足的根本。

为公共资产获取更高回报

如何才能证明更好地管理公共资产可以显著提高回报，甚至促进 GDP 增长？有些研究显示，机构的质量不同，公共资本对国家的生产率增长的促进作用也大不相同。[①] 有一项特别有趣的研究，考察了低收入国家公共投资的生产率水平。[②] 这项研究采用了公共投资管理指数（PIMI），由四个环节共 17 个指数构成了一个完整的公共投资管理循环图，四个环节分别是项目评估、项目选择、项目实施和项目评价。在估算了 PIMI 调整后的公共资本对 GDP 增长的影响后，作者得出结论：从这些低收入国家平均起来看，由于管理不当的原因使得公共资本损失掉了一半的价值，国家之间的情况互不相同，取决于公共资本的管理水平。

后面的章节中，我们会深入探讨为何资产的积极所有权可以提高国有企业的回报率。可是为什么更好的管理可以改善其他公共资产的用途和价值呢？

公共资产内有很大部分是房地产。私营公司往往都非常清楚，良好的物业管理对它们的全盘生意至关重要，因而把它当做经营活动中的核心部分。对于大公司来说，已经产生了各不相同的业务和产权模式，通常为了整合全部资产，大公司都将这些资产纳入独立的控股公司，通过透明度最大化、管理效率最大化，来实行更好、更有效的一体化战略。良好的物业管理能够更加有效地利用空间和物业，实现采购服务的协同效应，包括电力/采暖，垃圾回收，以及保洁和维护服务，整个公司状况将大为改善。

---

① 例如，Robinson et al. (2005)，Tanzi and Davoodi (2000)，或 Sawyer (2010)。

② Gupta et al. (2011)。

根据财务状况，以及资产与实际业务在公司运作方面的关联程度的不同，存在着不同类型的监管方法和产权模型，比如可以聘请专业人士，也可以签订合同的方式将监管职能外包，目的都是为了提升资产组合的价值。结果就是，各种所有制形式都可以采用，包括完全持股，邀请战略/财务合伙人，或者公开上市，甚至可以考虑完全剥离整个资产组合——只要资产组合的发展状态完全进入成熟期。

举例来看，时代华纳公司是纽约市最大的商业地产租客之一，正在考虑整合其 400 万平方英尺(37.2 万平方米)办公面积中的绝大部分。该公司计划迁址到曼哈顿相对便宜的地区，腾空时代华纳中心以及洛克菲勒中心的时代人寿大厦，还有其他 13 栋大楼中的大多数。该公司估计，通过削减物业开支，每年能够节省约 1.5 亿美元。[①]

在比利时，从 2002 年开始，联邦服务和社会保障局主席弗兰克 · 范 · 马森霍夫(Frank Van Massenhove)提出一项极不寻常的动议，要求削减在不动产上的开支。由于他将这个庞大的官僚“恐龙”转变成为一个现代灵活、富有吸引力的工作环境，范 · 马森霍夫最终在 2007 年获得公共经理人奖。他的一个关键举措是允许员工在家办公，最后发现 92%的员工完全可以轻松地在家办公。这也使得大幅度削减办公场所成为可能。

这一举措在瑞典同样取得了成功。瑞典政府决定将不动产资产分别注入几家控股公司。例如，作为高校不动产的专业管理公司，瑞典大学房地产公司(Akademiska Hus)在 20 年内将不动产的价值从原来的 70 亿瑞典克朗提升到 640 亿瑞典克朗，这些升值部分是通过专业的管理和开发来实现的。[②] 后来该公司出租了 1 400 万平方英尺(130 万平方米)的物业，租金回报在 1998—2008 年之间的增长达到 36%，而同期消费价格指数增长仅为 17%。

芬兰采取的战略更加统一。1999 年中央政府将持有的不动产全部交给一家控股公司——国会物业公司(Senate Properties)。这家公司现在管理着约 1

---

① *The New York Times* (2011) “Time Warner trims its excesses”, October 31。

② Swedish Government(瑞典政府，2011)及公司年报。

万栋政府物业，其中包括超过 6 500 万平方英尺（604 万平方米）的出租面积，成为政府物业管理集中化的成功典范。国会物业公司完全是商业化运作，所有者权益回报率为 4%，净利润率为 19%，[①]主要业务分为四个部分运作：政府部门与特殊物业、办公室、国防与安全、房地产开发与销售。

2011 年开始，希腊正式将中央政府持有的物业交给 ETAD 公司管理，这是一家公众持股公司，但迄今为止管理得很不理想。[②] 尽管已经努力了 30 年，这家公司和它的前任一直未能建立政府持有物业的详细清单以及许可的用途，也可以说没能提供完整的信息，足以让一个审慎的物业经理妥善管理物业，提升业主的利益。更有甚者，当 ETAD 并购组建成一个新公司后的一年多，居然仍没有公开它的整合文件。这表明仅仅是将所拥有资产注入一个控股公司是远远不够的，还需要合理的监管，足够的透明度，雇佣以及正确激励专业化的管理团队。

与之相类似，美国联邦总务署肩负着采购服务一体化、透明化的任务，却也没有妥善的工具或经过合适的授权，对物业资产进行专业的管理。物业资产的产权与管理权分散在联邦机构各个部门，拥有总共超过 110 万栋建筑物，其中 79%由联邦政府使用，每年的费用高达 300 亿美元。这促使国会于 2012 年立法，要求政府出售或重建高价值物业，对空间进行整合，处置不再需要的资产。[③]根据美国行政管理和预算局估计，这一举措可以在未来 10 年内，通过物业出售产生 150 亿美元的收入，另外，因为减少了联邦政府租赁物业、能源和维护方面的开支，还可节省大笔资金。[④]

让公共财富结出累累硕果

绝大多数国家的公共财富都超过了债务总额，这说明这些国家比它们想象

① Senate Properties（参议院资产），www. senaatti. fi/en。

② 此前的两家国有机构——希腊公共房地产公司（KED）与希腊旅游地产公司（ETA）于 2011 年合并成为 ETAD 公司。KED 成立于 1979 年，承担着财政部的维护职能，成为房地产的管理公司，承担着房地产登记、土地与资产登记职能。ETA 也有维护职能，负责管理旅游部拥有的房地产资产。

③ The US Civilian Property Alignment Act 2012（美国民用资产清理法 2012，H. R. 1734）。

④ 同③。

的更富有。当然，这不是说它们可以随意花得更多。财富只有在放到适当用途时，才能真正变为资产。有时候，私有化是提高公共资产生产能力的最佳途径。可是，一个在经营公共资产时面临困难的国家，往往不能进行恰当的私有化，也不能在事后建立和落实有效的规章制度。很多国家还面临政治局限，尤其是担心私有化的款项不能用于恰当用途，或资产没能卖个好价钱。在同样一个政治架构下，如果国有企业管理不好，很可能也管不好私有化。

相反，到了本书第十章，我们会主张公共资产进行更独立的管理，例如通过国家财富基金，同样可以将这些资产改善到它们的最佳状态，然后出售给私营公司，实现价值最大化。

就算不能选择直接出售公共资产，我们还是有很多事情可做。我们可以采用多种方式，最大化公共资产组合的价值，最小化其所需承担的风险，同时提升各方相关利益者的信誉，包括国内的和国际的投资人。

在后面的第五章里，我们会描述政客如何重新定义他们的角色——真正代表公民，而不是代表资本家。

5

政治家要为消费者代言，而不是充当准资本家

5

Politicians as Consumer Advocates Instead of Quasicapitalists

> 政府具有三重身份：一为规则的制订人，二为规则的执行人，三为资产的所有者。这就产生了一种风险，就是政府往往会浪费国有企业得到的种种优待，偏向企业员工的利益，而不是消费者的利益。

绝大多数人都同意公共财富可以管理得更好。然而，本书对此作出了更深层次的阐述。如果公共财富由更好的机构来管理，可以改进民主，让政客和管理者们更好地为民众代言，并且不必屈服于那些竭力从公共财富中分一杯羹的势力。这一章中，我们会通过若干例子向您展示，如果政府更关注公民的福祉，而不是忙着保护国有企业的利益，公共垄断将可以为顾客提供更好的服务。当然，这同时也要求政府采取相同的标准来监管国企和私企。下面的例子展示了很多国家如何管理机场、航空公司以及交通控制行业。

机场和航空公司

机场和航空公司曾经被认为是交通基础设施的重要部分。美国几乎所有机场的产权都归州或地方政府所有，由联邦政府负责资助其修葺和扩建。与之相反，国际上很多城市却已经尝试着将机场私有化或者部分私有化，比如雅典、奥克兰、布鲁塞尔、哥本哈根、法兰克福、伦敦、墨尔本、那不勒斯、罗马、悉尼以及维也纳。在这方面,英国走在了前面,早在1987年就对英国机场管理局进行了私有化改制,该局拥有希思罗机场及其他几个机场。如果想要在美国开展类似的改革措施,国会应当起带头作用,去清除那些来自联邦政府的阻碍各城市进行机场私有化的障碍。类似的障碍如国有机场能发行免税债券,而私营机场完全不具备这样的财政优势。

在我们的印象中,德国总是井井有条,可是柏林的新勃兰登堡机场(Brandenburg Airport)项目却混乱不堪。由柏林市、附近的勃兰登堡市以及联邦政府共同出资建设的新机场,原计划应于2012年6月投入使用,但工期一再拖延。施工问题无处不在,成本也不断攀升。克劳斯·沃维莱特(Klaus Wowereit),这位夸夸其谈的柏林市前任市长,顽固地自命为机场管理局的主席,这是导致一系列管理问题的重要原因之一。实际上,沃维莱特曾用"贫穷而性感"来形容柏林,却不明白其实是管理资产不当导致了贫穷。终于,他在2014年12月被迫辞职。如果柏林市政府采取以消费者为导向的行为模式,市政当局就应当把重点放在研究机场应有的功能,确定市政能够给予多少财政支持,然后再授权一家独立的控股公司或者公私合营公司来对该项目进行投资和经营。

聪明的经营管理不仅能给旅行者带来奇迹,也能给机场提供财政收入。新加坡樟宜机场在赚取更多利润的同时,还赢得了服务质量的桂冠——Skytrax[①]将它评为五星级机场;事实上樟宜机场已经连续多年被授予了这个评级,并一直占据排名第一的位置。机场的创新举措不胜枚举,比方说,机场提供了一系列免费服务,如有导游的城市观光等,这些免费服务都是用机场的有偿服务项目,如淋浴和休息区的收入来资助的。

直到20世纪80年代中期,大多数的航空公司还是由政府控股,机票价格和航线的主导权都由政府掌握,政府通过限制新的航空公司的准入来保护国营航空公司。后来,私有化使得航空业的竞争更为激烈,放开管制又使得廉价航空加

① Skytrax,一家以英国为基地的顾问公司,主要业务是对航空公司的服务进行意见调查。

入了市场竞争。大多数国营航空公司无法适应。许多航空公司因为要取悦政客，不得不经营一些亏损的国内航线，例如，为了让报业寡头们高兴，希腊奥林匹克航空公司运送报纸，只是象征性地收了点微薄的费用。这家希腊国有航空公司终于在2009年以破产收场。相反，瑞士和比利时的航空市场多年以来都没有国营航空公司，却也做得不错。实际上，开放竞争通常会给航空市场带来更多的航班和更低的票价。

当然凡事总有例外，国营航空并非一无是处。比如繁荣发展的新加坡航空、埃塞俄比亚航空，以及波斯湾地区的国营航空公司如伊蒂哈德航空、阿联酋航空以及卡塔尔航空。这些航空公司在获得政府拨款的同时，也获准以独立的商业企业的形式进行经营，受到的政府干预极小。

还有一个相关的例子是美国联邦航空管理局（FAA），负责美国空中交通管制方面的服务。这个机构管理不当已经几十年了，一直向美国人提供着二流水平的空中交通管制。联邦航空管理局这些年来一直想要扩容，进行现代化技术改造，但每次试图升级都拖拖拉拉、超出预算。例如，美国审计总署在一次检查中发现，一项早在1983年就开始的技术更新计划，居然到今天还没有完成。很多人因此提出，如联邦航空管理局这样的机构实在太重要了，不应存在这样的政府不当管理，理应进行私有化改制。好在世界上有不少国家已经私有化了它们的空中交通管制服务，可以为美国联邦航空管理局的改革提供样板。加拿大早在1996年就已将空中交通管制私有化了，它成立了加拿大航管公司（Nav Canada），一家私有的、非营利的空中交通管制公司，通过向服务对象收费来维持运营。加拿大的空中交通管制因为其高效的系统、稳健的财源以及可靠的管理，获得了很高的评价。这些评价，即使是那些管理相当良好的国有空中交通管制公司，也是很不容易得到的。

以上这些例子都说明，政府通常更倾向于扶持航空业的生产者，而不太关注消费者利益。其实又何止航空业，各个领域的公共财产管理一向如此。要想真正帮助公民和消费者取得合理的利益，首先应该告诉他们拥有什么。

让消费者知道他们拥有什么

哈佛商学院的奥尔多·穆萨基奥和巴西 Insper 大学的塞尔吉奥·拉扎里尼在他们的新书《重塑国家资本主义》(*Reinventing State Capitalism*)中,描述了利维坦(《圣经》里面的一种巨兽,鲸与鳄鱼的综合体,通常拿来当做所谓资本主义巨兽的代名词)这一旧的企业模式,它们直接归国家所有,听从政府部长们的发号施令,在 20 世纪 80 至 90 年代,被私有化浪潮扫到一旁。但很多政府仍然保留了或多或少的股份以及非直接投资,没有全盘私有化。一方面这使得管理更加专业化,另一方面也带来了模糊复杂的关系网,政府常常无法积极对国企实行监管,也无法公平地站在保护消费者及公民的立场上。

对于那些未上市公司的资产,情况则更加不透明。2003 年 1 月,美国审计总署称,在联邦政府管理的所有事项中,由于一直不能引入现代物业管理的标准,其物业管理的风险达到了新高。① 记录所有房地产资产的中央土地登记系统几乎不存在,或者,就算有这样的系统,也可能是像德国一样,散布在众多土地所在区域的当地法院中。所保存的各种登记信息,只允许公证员和主管部门查询,并不对公众开放。

在改革的起步阶段,简化的报告文件如立陶宛和拉脱维亚设计的那种年度总结,是一种有效的沟通手段,披露了政府拥有的资产组合的财务概要信息。这些信息包括投资组合的总价值、收益,并按部门细分数据,可以与同类行业私营公司的业绩基准进行比较。②

立陶宛的年度报告里,按照行业基准进行了对比,揭示出政府持有的公司的业绩与国际竞争对手之间令人惊叹的差距。森林行业的例子也许最能说明问题,其国际竞争对手的单位生产效率要高出 30 倍。即使其他国有竞争者也比立陶宛森林业效率更高,可能是因为立陶宛的国有林业被分割成了 42 个公司,而来自瑞典的更大规模的竞争者已被整合为一家公司,管理每公顷森林的雇员也

---

① 参见 Walker(2003)。

② Lithuanian Government(立陶宛政府,2009);Latvian Government(拉脱维亚政府,2009)。

相对更少。事实上，瑞典每 4 488 公顷森林只需要一名雇员，而立陶宛每 324 公顷森林就需要一名雇员。[①]

如果信息来源的质量够高，编制和发布这样的年度报告其实是一个简单的过程，只需要相对较短的时间即可完成。随着时间的推移，信息源的数量与质量都能得到改进。即使要创建一份非常专业的物业组合记录，也可以依据土地登记制度的状态很快完成。这种媒介性的、只需要用较少的步骤即可完成的报告，作用是概括资产组合的全貌，尤其是其规模、组成以及整体的业绩。这可以为一个更加复杂、全面的年度报告做好准备，就像那种合并、经审计的年度报告。这种全面的年度报告应当包括每个控股公司或资产的总体状况，并在每个控股公司的单独财务报表中披露其财务目标和经营目标。这是一个简单的办法，来确保公众资本的管理是为股东（纳税人）的利益服务的，并且没有偏离其核心业务的范围。

许多国家均采取了一些措施来改进政府部门的会计方法。权责发生制和一般公认会计原则（GAAP）已经在许多发达国家被采用，并迅速扩张到发展中国家。这两种会计方式提供了更多的透明度，明确了与物业有关的成本和资产价值随着时间的推移应该如何确认和计量。它们还可以帮助大家理解为什么政府购买或保留房地产，如果资产灭失，又应采取哪些步骤（将其从记录里核销）。权责发生制也可以给持有的冗余财产标定资金占用成本，来反映持有这些资产的机会成本，因为资产没能用于它们的最佳用途。使用这种制度会迫使相关机构及时处置相关财产。

公开信息和正确的会计处理仅仅是在通向“消费者与市民的利益优先”的道路上迈进了一小步。将监管职责与所有权分离，才是更大与更重要的一步。

建立维护消费者权益的规章制度

经济学家有个传统观念，认为规章制度和国家所有权是纠正市场失灵的两

① Lithuanian Government(2009)。

大可供选择的手段。按照我们的观点，这是完全错误的。政治的复杂性其实阻碍了更有效的国有资产管理，组织内现存的不少既得利益者、国企管理者不免有自私自利的动机，以上所有因素都意味着国有企业像私营企业一样需要独立的规章制度。

政府具有三重身份：一为规则的制订人，二为规则的执行人，三为资产的所有者。这就产生了一种风险，就是政府往往会浪费国有企业得到的种种优待，偏向企业员工的利益，而不是消费者的利益。天平的失衡，可能会通过各种形式表现出来，如直接补贴、优惠融资、国家背书的担保、优惠的政策待遇，或豁免于反垄断法和破产规则，等等。政策制定的天平尤其容易向国企倾斜。这种情况之所以发生，不仅是因为一个承担着企业运行责任的政府容易产生偏见，也因为国有企业较之它们的政治领导们有着更多的信息优势，并经常使用这种优势进行密集的游说。

基于上述原因，就像私企需要规章制度管理那样，国有企业也非常需要服从规则。然而针对国有企业时，制订规则的部门具有独立性至关重要，不能与那批实际上扮演公有企业所有者的政府部门是同一批人。在某些情况下，他们也许应该像政府的会计师一样，直接为议会工作而不是隶属于政府。

一些人可能会争辩说，有些法律的制定是包括全部行业的，因此已经涵盖了国企。原则上，国家反垄断法可以用来处理国企滥用其主导地位的问题，即使是在国际范围内亦是如此，或者还可用来防止国有企业通过兼并和收购制造反竞争效果。

根据贸易协定和世界贸易组织（WTO）对政府规则和行为的有关规定，对商品或服务的提供者是公共或私人实体并不做区别。它们有时会禁止一些涉及国企的政府保护性政策和行动，例如这些企业因为扭曲贸易而得到国家补贴。如果违反国民待遇和最惠国待遇原则给予国企补贴，或国企有其他影响贸易的举动，一旦证明这些企业被赋予了或执行了某些政府职能，那么这些行动都属于WTO相关规定的制约范围。

但总体而言，这些综合性法律规定不足以抗衡那些带有明显倾向性的特定行业的政策规定，比如银行业、电力行业以及其他许多方面的规定。政府部门滥用制订规章制度的权力，偏向那些自己有产权的企业，这种情况对经济的发展有着十分严重的负面影响。举例来说，在一个关于经合组织成员国 1975—2000 年间的跨行业的研究中，国际货币基金组织（2004）根据一批选定标准，创建了相应的指数，来衡量各个国家来自法规建设方面的负担，这些法规来自产品市场、劳动法、税收和贸易壁垒等方面。改进上述法规方面的举措，与随后的 GDP 增长显著相关。

为形象地说明这些影响的大小，想象一下有这样一个国家，它原来处于经合组织国家的中位数水平，由于制定了成长导向型的法规和税收政策，而刚好达到前三分之一的位置（对相应的指数移动一个标准差）。结果正如国际货币基金组织前面的那项研究所预期的，贸易壁垒等指标的改善将在 4 年内使得实际 GDP 增长 4.7%，在税务政策方面进行类似改进则可以使得 GDP 增长 2.3%，在产品市场政策方面的改进可以让 GDP 增长 7%，而同一跨度内的劳动力市场的政策改革对 GDP 增长的贡献则是 1.9%。通常那些压制性法规能够出台，是来自各个利益集团的压力，有时则来自那些害怕竞争的国有企业。

规章制度的复杂性日益增加，是给发展带来负面效应的部分原因。霍尔丹和马多思（Haldane and Madouros，2012）令人信服地描述了这一趋势及相应的后果。在某种程度上，这种复杂性是被说客们的强烈需求促成的，也让那些既了解了复杂法规，同时又能从中找到漏洞的内部人士受益。与之相反，消费者导向的规章制度应该简单明了，注重效果和功能，而不是关注事情到底是怎么做的。国有企业不应该经不住诱惑，游说促成更多更复杂的规章制度，来对付私营领域的竞争对手。假如法律法规对公共企业和私人企业一视同仁，并由独立的政府机构来制定，那么可以预见，国企也会去游说建立更简单、更好的法规政策。

以消费者的名义进行监管

通过邮政业务的例子，我们来看看政府如何在国企内实现倾向公民和消费者利益角度的转变。

在美国，拥有 685 000 名员工的邮政服务系统面临着邮件数量日益萎缩和费用不断攀升的问题。一些人主张的备选方案，是将其私有化，并撤销公司对普通邮件的法定垄断权。在其他国家进行的改革证明，没有理由继续维持当前的邮政垄断。从 1998 年开始，新西兰的邮政市场向私人竞争者开放，结果邮资下降，而新西兰邮政的劳动生产率上升了。与此类似，瑞典取消了邮政垄断并将邮政局转变成一个没有补贴的公司。2000 年德国的德国邮政（Deutsche Post）进行了部分私有化，公司提升了生产率，并拓展进入了新的业务领域。同样在比利时、英国、丹麦、芬兰，以及荷兰，其邮政服务进行了私有化改造或放开竞争。日本正在推进邮政民营化，而在 2013 年，一个为期 15 年的欧盟邮政服务的自由化进程进入结束阶段，最后一个成员国也废除了遗留下来的国有邮政垄断部分。

然而，这里面传统上往往存在两个政治难题。首先，政府需要确保，即便在人口稀少，邮件投递服务昂贵，甚至邮票收入不能覆盖相关支出的地区也要有邮件服务。这也是支持延续政府垄断的一个传统的论据。瑞典和其他国家以公开竞争的方式，外包了相关服务项目，很容易地解决了这一难题。

第二个难题则是关于邮政局这个实体本身，政客们通常把它视为福利社会的重要标志之一。像瑞典这样早早将国有公司纳入竞争的国家，其实早就发现了这其中孕育着的机遇。如果有必要，它们将付费给服务提供商，使其在人口稀少地区亦能维持服务，而无需去监管它们的具体做法。在瑞典，绵延的巨幅土地上只有少量的居民，相当独立的国家邮政公司很快想通了，最好的办法是让杂货店充当邮政服务代理商。这样一来，杂货店也能更好地生存。这是一个很好的例子，说明一旦政客明确公民究竟需要什么，并据此进行监管，而不是试图通过运营政府垄断机构来实现社会目标，往往会给公民带来更好的结果。

我们已经展示了，假如政府一开始就先定义好什么最符合公民和消费者的最佳利益，那它将可以采取非常不同的策略。这可能需要一些规章制度，但必须一视同仁，无论服务的提供者是国企还是私企。这些国企和私营公司应该自主经营，不受干扰。公有企业应该进行专业化的管理。

在后面的第六章，在讨论我们比较赞成的公共资产监管方式之前，先来看看政府的改革实验。

6

公共财富管理改革的早期尝试

6

Early Attempts to Reform Governance of Public Wealth

> 国家应避免政府直接干预国有企业的日常经营管理。既然已经任命了董事会，政府官员就应少管闲事，让业务更加透明。有些时候，让公司上市成为强迫它们运作透明、遵守会计准则的手段。

我们在前几章讨论过的公共财富监管方式，尽管存在许多不足之处，但还是在某些国家内短时期地推动了改革。本章我们会介绍这些举措的进展情况，就从最广为人知，也最具争议性的议题——私有化开始，然后我们将讨论改进管理公共公司的其他改革方式。

私有化浪潮

经历了 1980—1990 年间的几次宏观经济危机之后，随着共产主义集团的衰退，各国政府对数千家公司进行了私有化，[①]开放本国经济，推行对外贸易，并逐步放松了资本管制。

第一批坚持实行长期的去国有化浪潮行动的国家是德国（始于 20 世纪 60

① 例如，可参见“Megginson et al. (2004)”。

年代早期)和英国(始于80年代早期)。到了80年代和90年代,几乎所有其他经济合作与发展组织成员国都开始踏上这条道路。玛格丽特·撒切尔成为这项运动的带头人,伦敦市政府的投资银行家紧随其后,为她出谋划策。许多国家的政府都大大压缩了公有经济的规模。私有化主要是针对国企,就是由中央政府持有的企业资产,其中有些刚刚从以前的国家垄断型企业改造成为公司。同时,监管体系也进行了大幅度的改革,从之前的通过立法直接管辖、制定各种详细规定的指导,改为在更大的框架下以市场为导向的监管体系,中央政府的控制力度大大减小。① 但是,涉及中央政府所持房地产方面的私有化行为就比较少了,而更少涉及的是地方、地区政府所持有的不动产的私有化行为。

这些国家推进私有化,目的不仅仅是想要提高经济效率。它们还希望为资本市场的发展提供支持,增加政府税收收入,把官僚机构手中的权力转移给私营部门。

尽管经历了一次私有化浪潮,不管在中央一级还是地方一级,大多数国家仍然控制着很多国企,房地产类资产甚至还有所增加。事实上,在后来的几年出现了一次私有化的回撤。在比尔·克林顿任职期间,试图将田纳西河谷管理局私有化却以失败告终。如今,类似的举动都没有提上政治日程。事实上,公有化和私有化两个方向都存在不小的推动力。例如,几年前英国曾经考虑将铁路公司重新国有化,但最终决定保持私有化,以促进市场竞争。

在有些国家,私有化的实现方式是对公共资产明目张胆的侵吞。孟加拉国最大的国有银行索纳利银行(Sonali Bank)的例子非常具有说服力。这家银行屡次遭人抢劫,既有像尤素福·曼施(Yusuf Munshi)及其同伙那样,花了两年时间挖掘通往该银行某分行的地道,然后拎着装有200万美元的袋子逃之夭夭;更多时候,银行的钱以隐蔽的方式不翼而飞。孟加拉国银行系统的众多丑闻中,最大的一桩发生在2012年。索纳利银行披露,达卡(Dhaka)的一家分行在2010—2012年间非法放贷4.6亿美元,规模接近GDP的1%,丑闻才得以公开。款项中

① 参见OECD (1998)。关于国家控制,近期的变化似乎是着眼于增强对价格的控制力,而不是进行私有化。

的最大一块，约3.4亿美元借给了同一个贷款对象，而其中的85%已无法追回。

轻率地向有关系的公司或个人放贷，是孟加拉国银行体系的普遍现象。根据孟加拉银行（Bangladesh Bank，该国的中央银行）估计，其国有银行放出的大约20%的贷款将无法收回，这使得政府不得不向银行系统注入巨额的新增资本。

当然，在这样惨痛的故事里我们还是可以找到正能量的。在孟加拉国中央银行的官员看来，尽管记录如此不佳，但仍然没有一个政府会想要把这四家银行私有化，跟如此重要的影响力说再见。相反，中央银行找到一个替代方案，就是通过发放私营银行牌照，增加私营部门的竞争力，以限制国有银行的增长。结果就是，从1992年开始的十多年的时间，国有银行吸收的存款规模占比从60%下降到25%。同时，孟加拉国的私营银行到目前为止吸收的存款规模占总量的2/3左右，并且成为快速增长的私营企业的主要借贷人，这些企业包括服装厂、电站、钢厂。

我们来比较一下印度的情况。可能是因为印度并没有发生过索纳利银行那种规模的滥用行为，因此公众并不支持变革。国有银行的存款占比仍然高达75%。国有的印度寿险公司是该国上市公司的最大投资者，截至2011年9月，投资总额约为500亿美元。

与此同时，中国尝试了各种办法，包括将大批小型企业直接私有化，将国有大银行和大企业上市等，但仍然控制着很多关键行业的国企。很多大型企业看起来已经很现代，符合证券交易市场的监管标准和投资者审查标准。但国家仍持有超过半数的大型企业的控股股份，对它们保持着足够的影响力。批评人士认为，实际上这些让国有企业更加透明、独立的变革措施都是烟幕弹。

按照法律，组织部需要在每个央企建立一个党委会，任命三名领导干部。党委书记必须身居要职，因此常常由央企一把手来担任。即使是在有外国董事的国有商业银行，最高级管理决策仍由党委会，而不是董事会来制定。

然而，中央、地方政府所有的大约15.5万家企业在与更灵活的私营企业的竞争中败下阵来。在20世纪90年代初，面对国有企业亏损不断扩大的局面，中国开始推行第一次国有企业改革浪潮。很多企业被关闭了，其他的企业则被包装上市，开始学习私营企业的运营方式。刚开始的时候，这些举措提高了生产率和回报率。但最近几年，虽然监管当局和国有银行给予优惠政策大力扶持，国有企业还是慢慢丧失领先优势。

在“哈利和哈利”(Haley and Haley, 2013)的新书《中国的行业补贴：国家资本主义、业务战略和贸易政策》(*Subsidies to Chinese Industry: State Capitalism, Business Strategy, and Trade Policy*)中，详细介绍了很多国企的补贴已经达到了怎样的规模。到2013年11月，中国政府为提升业绩提出了一系列改革计划。比如，作为亚洲最大的炼油企业，中国石油化工股份有限公司宣布将向25家中国企业集团(多数是国有企业)和外国投资者出售其零售部门价值175亿美元的股份，在筹集资金的同时并未放松政府对公司的控制权。中国其他一些企业公开上市，一些企业拿出更多私有化的试点，有的企业领导则被赋予了更多的自主权。甚至一些地方政府也逐步推出类似的措施。

很多国家已经历过部分或全部的私有化浪潮，但同时仍在拓宽股东范围或扩大对董事的授权，努力改善国企的管理水平。可惜，这些改善措施可能会流于表面。正如穆萨基奥和拉扎里尼2014年的著作《重塑国家资本主义》一书所说：表面上看起来新型国有企业比老式的国有企业更像真正的私营企业，实际上却鲜有成功。穆萨基奥和拉扎里尼认为挪威国家石油公司可能是个例外，这可能是全球范围内管理较好的少数国企之一。事实上，在很多时候，这种改制的国企会输得很惨，完全无法实现预期。

在给出更加系统化的论据之前，我们先来看看巴西的情况。

巴西改革国有巨无霸企业的尝试

要弄明白为什么在巴西以及很多其他国家改革国有企业如此困难，我们应该首先简要回顾一下这些企业是怎么来的。巴西的国有企业大多是诞生于两个“国家资本主义”时代。20世纪30年代，政府推出雄心勃勃的开支计划，意在实现工业化经济，解决流动性危机，这为大量大型国有企业的诞生铺平了道路。这一计划的推手是当时的民族主义者热图利奥·瓦加斯(Getúlio Vargas)总统，他在1930—1945年间推行独裁统治，后来在1951—1954年间再次当选为总统。他还让国企人为压低价格，使私营竞争企业无以为继，只能把公司出售给联邦或地方政府，从而进一步扩大了国有企业份额。

第二次浪潮始于20世纪50年代，巴西经历了又一次工业化推动，今天的几家巨型国企都诞生于那段时间，包括巴西石油股份有限公司、巴西电力公司(Eletrobras)、巴西国家开发银行等。其中巴西石油股份有限公司曾被授予开采、勘探和炼油的独家权力。

从70年代到80年代中期，在埃内斯托·盖泽尔(Ernesto Geisel)总统和他的继任者的军事统治下，巴西的国企数目显著增加，并在所谓第二次国有化发展计划的名义之下扩展到其他行业。盖泽尔总统对国家计划深信不疑，寻求在所有战略资产行业建立国企。为此，国企占领了诸如电信行业这样的领域，迫使已有的竞争者们退出市场。那些处于战略资产行业的私营企业和外国企业纷纷离去，国企领导者不断扩张。一家食品和粮食行业的国企可以突然将业务拓展到铁路行业。这也导致了业务不透明，企业管理者正好借此不怎么遵循联邦政府的各种政策。国企受到保护，没有进口产品带来的竞争，享受着各种形式的补贴，因此面对很少的压力，不用考虑改进产品或提高生产率的问题。渐渐地，它们会要求享受更多的补贴，成为政府财政的沉重负担。

除了达到国有化扩张的目的，这些国有企业还用“实现社会目标”来为自己的补贴正名，例如稳定物价或促进就业。当时巴西公众对这些政策的反应大多数是积极正面的。在实施了扩张性财政政策之后，用补贴定价来控制通胀被看做政府的应尽义务。

到了20世纪90年代初，这一切几乎都变了。财政破产，通胀高企，现实又紧迫的问题就摆在眼前。政府被迫认真反省其中央计划经济，采取出售国有企业、削减关税、消除非关税贸易壁垒、减少对外商投资和劳工市场的干涉等多项措施，来收缩国家过于庞杂分散的各项职能。

1992年，费尔南多·科洛尔·德梅洛(Fernando Collor de Mello)总统因贪腐遭弹劾下台，伊塔马尔·佛朗哥(Itamar Franco)总统继任，他推动了一项名为“雷亚尔计划(Plano Real)”的行动，彻底修改巴西的经济与财政体系。雷亚尔计划的主要内容包括：发行新的、适度浮动的货币（雷亚尔），经济去指数化，暂时冻结公有行业的价值，实行紧缩的货币政策。雷亚尔计划获得了许多关键性胜利，其中之一是有效控制了通货膨胀，通胀率从1994年第二季度的45%降低到了1996年的平均不到1%。随着通胀率的降低，真实工资也迅速增加。这带来了经济繁荣，本地需求显著提高。雷亚尔计划实施期间，很多国有企业都被私有化。1994年年底就职的费尔南多·恩里克·卡多佐（Fernando Henrique Cardoso）总统将私有化推行到千禧年。1990—2002年间，共私有化了165家企业，带来了总额为GDP 8%的收入，该款项用于偿还政府债务。为改善对国有企业的监管，还进一步采取了许多措施，包括促成企业上市，允许持股超过10%的少数股东在董事会选派代表。图6.1描绘了1960—2011年间巴西的增长。

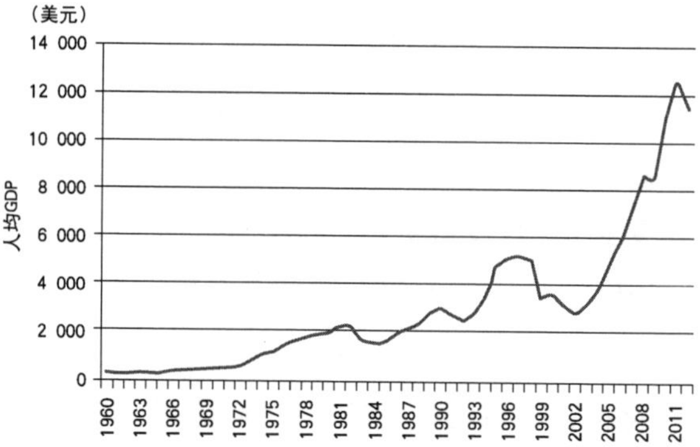

图6.1　改善国企监管、推行私有化和雷亚尔计划之后，巴西经济快速增长

资料来源：经济合作与发展组织

雷亚尔计划的各项措施在1992—2002年间实施。随着措施的推行和计划的全面展开，2002—2011年成为巴西历史上最为成功的时期。以美元计价的人均GDP从3 500美元达到11 000美元，增加了2倍。

尽管获得了明显成功，私有化在巴西仍未被广泛采纳。如前文所述，巴西的公众普遍怀有一种情绪，希望政府通过主导国有资产来抑制通胀。在推行私有化期间，左翼政党、国企管理者和员工，还有很多工会多次公开抗议，并向法庭提出申诉。这些抗议活动引发了不少街头的暴力冲突。然而政府不为所动，继续维持审慎的财政制度，推行自由化政策，例如减税和浮动汇率。

为了获得成功，巴西石油公司筹集了700亿美元——这是2010年全球最大的股份出售——计划开发海上油田，在10年内将产量增加1倍。这得到了投资者们的热烈追捧，因为当时国际上许多其他石油公司的储备已渐渐枯竭。① 巴西石油公司把希望寄托于2006年发现的图皮油田（Tupi oil field），这是巴西发现的最大的油田之一，可能也是近来西半球发现的最大的油田之一。但2013—2014年的油价下跌可能使这一计划彻底搁置。

在某种程度上，正统的巴西观念在现任总统迪尔玛·罗塞夫（Dilma Rousseff，2010年当选，2014年再次当选）治下已经回归。她最近发表讲话，主张政府干预，称这对“鼓励国家胜出”至关重要。可惜跟得到“鼓励”大相径庭的是，巴西石油公司被迫在国内市场以低于成本价销售燃料油，这使得政府必须提供更多补贴，并重新授予它在某些油田开发的独家垄断权。不仅如此，巴西石油公司炼化部门一个前任管理人员于2014年12月在当地报纸揭发了一系列腐败和管理混乱丑闻，有40多名政客卷入了一个大规模的回扣计划。2010—2014年间购买巴西石油公司股票的投资者们在美国对巴西石油公司提起了一系列诉讼。起诉书中声称巴西石油公司“错误表述事实，对腐败文化未予以披露，导致相关陈述存在严重错误和误导”。②

总体而言，巴西在20世纪90年代出让了国有企业的大多数，转向了自由市场经济，并加强了对剩余国有企业的管理。由于这些措施和其他一些改革，巴西享受了一段时期的快速经济增长，只是近来这些改革和增长的动力已日渐消散。

为什么新监管运动先天不足？

就像巴西那样，很多改革派政府已经全部或部分私有化了一些国有企业。然而同样重要的是，国家应避免政府直接干预国有企业的日常经营管理。既然

① Bloomberg (2010) “Petrobras raises ＄70 billion in world's largest share sale”, September 24。
② Reuters (2014)“Brazil's Petrobras faces another lawsuit over corruption scandal”, December 15。

已经任命了董事会，政府官员就应少管闲事，让业务更加透明。有些时候，让公司上市成为强迫它们运作透明、遵守会计准则的手段。

这些措施的确加强了公司监管。在荷兰有一些成功的范例。史基浦国际机场（Schiphol international airport）是一个国有的国际机场，已经成功地将自己打造成为一个主要的客运枢纽和工业中心，能将货物快速发送到欧洲各处。荷兰皇家航空公司（KLM）是荷兰客运业的旗舰公司，同样十分成功。荷兰邮政携手TNT快递，成为物流业的领头羊；而德国邮政收购了DHL，试图迎头赶上，却并不是很成功。当然在德国也有一些成功范例，例如汉莎航空公司（多数时候能够盈利），而大众汽车公司虽然由下萨克森州部分持股，但其控股股东皮耶家族（Piech family）是一个私有股东且已持续了好几代人，该家族还控股了保时捷公司，因此扮演着政府持股平衡者的角色，使得这些企业的文化和发展持续保有私营企业的影响力。

不过仍有很多失败的例子与这些成功范例混杂交织在一起。特别需要指出的是，很多国企被赋予了过多独立自主的权力，就像没有父母的小孩，进行高风险的国际扩张（例如德国的国有银行），从而导致巨额亏损。很多法国国企在海外建设核电站或在当地从事交通服务业，同样遭受了很大损失。

综合各方因素，如放任国企独立经营，就好像完全不存在股东那样，这种新策略同样会导致不少惊人的失败。比如在瑞典，把责任下放到各个董事会，所有者却没能建立独立的专业管理团队来加以平衡，已经导致了越来越多的问题。瑞典国营电话公司特利亚（Telia，曾垄断电话业务）以及瑞典大瀑布电力公司（Vattenfall，曾经是国有垄断企业，如今是欧洲最大的电力公司之一）不计后果地对外扩张，都遭遇到了重大挫折，这些都是极为恰当的佐证。

在第七章，我们将仔细描述瑞典的改革路线的很多细节，这些均十分具有启发意义。

7

领头羊瑞典：从积极参与到逐步放手

7

Swedish Pioneers: From Active to "Hands-off" Governance

> 在试验开始之初，很多观察家对于瑞典这种对公共资产管理进行细分化管理，而不是继续走全面私有化道路的想法抱着怀疑的态度。然而，当重组方案进行到一半时，美林证券认为，改革将会对瑞典的总体经济增长产生显著影响。

瑞典，一个早期的现代化主义国家，虽然手中依然保留了重要的公共资产，但已尝试将国企与政治分离，更独立地对其进行监管。不过，在我们看来，瑞典虽然取得了一些成功，却也遭遇了一堆重大失败。过去几十年来，瑞典采取了三个不同的策略，颇具指导意义，因此我们将在本章详细阐述，之后我们会在后续章节更深入地讨论什么是我们认为更好的方式。

瑞典在主动管理上的经验：1998—2001

20 世纪 80 年代后期，瑞典社会民主党作为少数党执政，执政期间，研究了淡马锡在新加坡的经验（我们在第八章会讨论到这个例子）。1990 年，瑞典创立了“富蒂亚(Fortia)”，一个类似于控股公司的机构。然而 1991 年该党在大选的失利带来了第四方力量参与其中，一个中间偏右的联合执政政府。新政府将私有化政策放到了首要位置。在接下来三年的动荡岁月里，在瑞典银行危机最糟糕的阶段，新政府主导了国有资产约6%的私有化进程。1994年的再次大选，使社会民主党少数派政府再次上台，重点放在继续平衡国家财政上，但仍保留并继续执行了上届政府启动的几大改革。

随着瑞典新实施的为期四年的议会选举周期的临近，尽管当时选民基础薄弱，但新的社会民主党领袖约兰·佩尔松（Göran Persson）还是借着绿党和左派的支持，成功地组建了一个少数派政府。曾经担任财政大臣的佩尔松之前坚决抵制全盘私有化，尽管私有化是当时的世界流行趋势。而1996年佩尔松成为首相后，仍继续了这一立场，并在1998年社会民主党连任成功时，对公共资产的管理转为更加积极参与的态度，因为这样他可以获得议会的支持。他想证明，实际上政府也可以被称为“积极并且合格”的商业资本所有者。由此，开始了为期三年（1998—2001）的对于瑞典公共投资组合的积极管理，即所谓的“像私人股东一样管理”的阶段。这包括引入私营部门的工作纪律和股权文化，到年底时，投资组合的价值居然增长了12%（尽管其间有近1/3的原始投资组合被私有化，几乎是上一届以私有化为主要目的的保守政府所达成目标的5倍之多）。这个增幅大致相当于当地证券市场涨幅的2倍，同期市场的增幅仅为6%。

《金融时报》对此持怀疑态度，最初该报报道了政府作为商业资产的积极股东这一前所未有的政策行动，但鉴于瑞典在经历20世纪90年代初的金融崩溃后，在管理公共财政以及银行业方面的力挽狂澜表现优异，又决定先将“疑点利益”归于瑞典政府。社论仍然表示，希望上市公司的业绩改善能带来进一步私有化的可能性。①

这种“大胆、新颖的方法”——首次尝试由一个欧洲政府系统地解决国有企业的所有权和管理——正如瑞银华宝（UBS Warburg）几年后所描述的一样，迅速产生了显著的回报和效益。② 2000年，詹姆斯·沙逊（James Sassoon）和马丁·帕尔巴克（Martin Pellbäck）总结了这项为期三年的计划，并用三个例子详

---

① *Financial Times* (1999)“Sweden lets its champions go”, January 29。

② UBS Warburg (2000)“Privatisation international, Sweden: bold, novel approach”, December。

细介绍了瑞典政府对公共资产的积极管理，如下：

- 重组阿斯多曼公司（AssiDomän，该公司持有巨额林业资产，是欧洲最大的造纸和包装集团），对部分工业业务实行剥离或合资，并向股东返还了大量的资本金。
- 构建、重组和后续出售了防务承包商塞尔瑟斯公司（Celsius，一个大的欧洲防务集团），为公司的几大业务领域寻找合适的行业合作伙伴。
- 改造国有垄断的铁路巨头“瑞典国家铁路公司（SJ）”，经过精简业务流程，剥离核心客运业务外的所有活动，使之成为欧洲最赚钱的铁路运营商之一。

阿斯多曼：从亏损的企业集团到专注于林业

1992年到1994年期间，历来是国有性质的林业运营机构多曼伏克特公司（Domänverket）以及纸张和纸浆生产商阿斯公司（Assi）合并成阿斯多曼公司。这家公司属于部分私有化的情况——国家仍然拥有超过50%的股权，剩下部分在斯德哥尔摩证券交易所上市，出售给超过59万个普通个人，从而成为欧洲最大的纸浆、纸张及包装集团，同时也是世界上最大的森林资产所有者之一。在1994—1999年期间，该公司股价表现相当糟糕，原因是连续数年经营亏损，缺乏战略重心，多个业务板块的市场份额都很小，不少投资包括在许多前苏联国家的大规模投资和并购业务均亏损严重。直到最后，资本市场对这家运营与财务问题不断的企业失去了信心，公司急需得到其最大股东——政府的紧急关注。

1999年，公司任命了新的董事会，并聘用了新的CEO来实施业务转型。林业资产被迅速分拆，国家将部分运营单位内的股权与所持有的森林资产进行置换。其后，部分工业业务被剥离出去，部分业务与其他工业集团、金融机构及投资者进行合资。到了2000年，公司剩下的纸张与纸浆资产与瑞典—芬兰林业集团（StoraEnso）的类似资产合并在一起，组建了毕瑞（Billerud）公司。

毕瑞公司于2001年年底成功上市，这使得阿斯多曼可以将其资本结构向纯林业控股公司方面调整。之后阿斯多曼一次性向股东分发巨额红利，金额甚至超过了毕瑞公司首次公开发行的全部所得款项。

瑞典政府之后购买了阿斯多曼的剩余股份，为打造一个纯粹的林业控股公司，同时也为了落实重组瑞典森林产业的部分战略决策，政府对其附属的瑞典国家林业公司(Sveaskog)进行退市处理。2001年年底，阿斯多曼成为证券市场上表现最好的股票之一。

所有这些交易完成后，瑞典这一国家作为阿斯多曼公司的股东，与其他股东一道，自该公司上市以来，每年都在该项投资上获得超过15%的内部投资回报收益率。① 而迄今为止，瑞典国家林业公司还是瑞典最大的林业土地所有者，拥有超过4万公顷(其中近3/4具有生产力)的林地，相当于全国总拥有量的14%。2008年时，该公司的董事会主席为前首相约兰·佩尔松。

在试验开始之初，很多观察家对于瑞典这种对公共资产管理进行细分化管理，而不是继续走全面私有化道路的想法抱着怀疑的态度。然而，当重组方案进行到一半时，观察家开始更密切地关注这个试验及其对经济的潜在影响。鉴于这一投资组合在经济体规模中占有25%的份额，美林证券(Merrill Lynch)认为，改革将会对瑞典的总体经济增长产生显著影响。②

塞尔瑟斯公司：对政府依赖的结束和欧洲整合的开始

苏联的消亡使得欧洲各国国防预算大幅缩减，合作与整合被提上了重

① Carnegie (2002a)。

② Merrill Lynch (2000)。

要议程。塞尔瑟斯公司这家上市的瑞典防务公司，作为长期为瑞典军队提供各种武器装备的优先供应商，也就成为国家“不结盟”政策的核心支柱之一。

随着国内国防预算的缩减，竞争对手之间整合的加快，不少人认为塞尔瑟斯公司如果不能显著提高效率，在瑞典的不结盟政策带来的法定市场份额之外找到新的市场，持续生存机会将非常渺茫。公司的股价真实地反映了现状，体现出急剧的下滑和持续的负面期望。作为最大的股东以及关键的利益相关者，政府需要尽快拿出一个根本的解决方案。

有一个比较明显的路径是与萨博集团(Saab Group)进行整合，这是一家瑞典的国防和航空集团。但其实塞尔瑟斯公司新的董事会还与所有符合瑞典政府关于外资政策限制条件的潜在收购者进行了非正式接触。

为了给预期的合并创造条件，公司还执行了几项资产剥离，因为这几项资产如果不在大的资产包之内，而是独立运行的话，价值会更高。这包括博福斯(Bofors)的大部分资产(先是售予联合国防工业公司，后来是凯雷集团——这是美国一家私募基金公司，现在又成为英国 BAE 系统公司的一部分)。造船企业考库姆公司(Kockums)的情况要困难一些(该公司给瑞典、澳大利亚和新加坡以及其他大客户生产常规潜艇)。德国的霍瓦兹(HDW，后来并入蒂森克虏伯〔ThyssenKrupp〕)同样也是常规潜艇的生产商，看起来是最好的合资伙伴。德国公司在营销方面更强，而考库姆公司研发了斯特林闭循环发动机，这一项十分先进的技术，能使常规潜艇无需像柴油发动机潜艇那样定期浮出水面，而能在水下持续运行几周。

这些资产的剥离，为萨博集团将塞尔瑟斯公司的剩余资产最终公开发行上市铺平了道路，现在这些资产由瓦伦堡家族和英国 BAE 系统公司持有。但是从工业和国防的角度来看，对考库姆公司的出售不是很成功。公司的所有权属于德国，潜艇业务不能尽情发展，因此渐渐萎缩，其特有的专业技术完全被忽视了。不过在 2014 年，瑞典政府完全扭转了局面，萨博集团接管了考库姆公司的原有资产，包括知识产权。起初，萨博集团拒绝在业务板块中增加海军业务平台。但现在,萨博考库姆公司获得了为瑞典政府开发下一代潜艇的任务,使萨博公司成了为数不多的几家能为空军、陆军、海军提供综合性产品的企业集团。

在广大普通民众的印象中,围绕着瑞典电信运营商特利亚公司的这场政治闹剧,变成了一场围绕着重建计划的典型闹剧。特利亚公司与挪威国有Telenor公司进行合并谈判,一开始就犯了错误,成为国境线两边国家人民的头条肥皂剧。最终,合并计划被放弃了,随后的首发公开上市刚刚完成,就爆发了1995—2001年间的互联网泡沫。我们随后将在本章详细讨论特利亚公司。

合并:构建投资组合

这些调整后的新公司面临着不断加剧的国际竞争。同时,飞速的技术发展及之后的自由化,均暴露出了长期垄断者的种种不足之处。不管在世界哪个地方,新入行的公司都需要最好的私营公司的纪律和健康的权益文化,以此来参与竞争。随着撒切尔之风横扫欧洲,商业界和中右翼反对党向政府施加了越来越大的压力,要求把政府广泛持有的商业资产私有化。

可是佩尔松首相希望向私营业界证明,他的政府能像任何私营公司那样,把政府商业资产管好。作为三年计划的第一步,他在1998年寻求将全部资产合并到统一的指挥体系下,聘请了私营机构的专业人员来管理,并亲自落实资产的重组。①

那时候,这些五花八门的资产看着都不像一个连贯的组合,也从来没有定价或进行过任何专业的监管。这些资产包括:曾经的垄断企业瑞典大瀑布电力公司(发电)、特利亚(电信)、瑞典国家铁路公司(铁路服务)、瑞典邮政(Posten,邮

① *Financial Times* (1999) “Swedish government hires financiers”, June 1。

政派送)，以及在上市公司中的股份，例如北欧航空(国营航空公司)、阿斯多曼(林产品)和塞尔瑟斯公司(国防工业)。所有这些业务现在都要纳入统一的机构下管理。

可是，要在政治环境里整合商业资产绝非易事，每个管理着商业资产的部长都想竭力保护自己的领地。

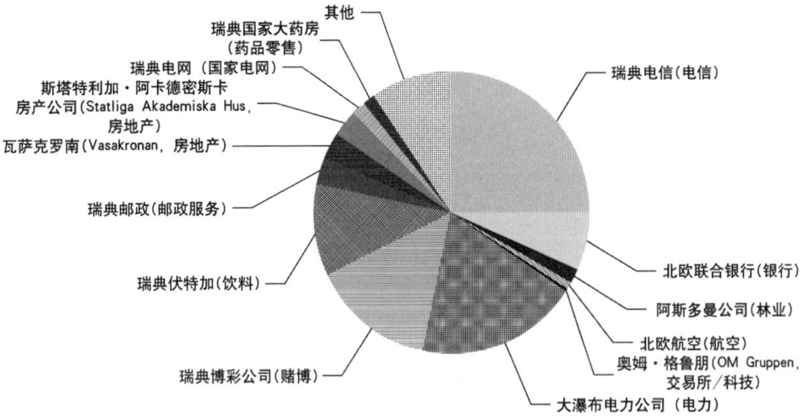

图 7.1　瑞典政府持有资产的构成

资料来源：瑞银，瑞典政府

1998 年，社会民主党少数政府刚刚成立，财政部长埃里克·奥斯布林克(Erik Åsbrink)就拒绝向工业部刚刚成立的管理机构移交财政部持有的资产。①为支撑他的反对意见，他还威胁要退出政府，尽管之前首相在任命部长的时候就提出过明确条件，即每个部门都不再持有公有商业资产。最终，首相向财政部长让步了(只是在当时)，但首相几乎将其他部门的资产都整合在了一起，包括交通、就业、工业、贸易部门，形成了一个新的“超级部”。这个政府部门被指定负责管理一家已经成立的控股公司斯塔腾，它管理着几乎所有上述名单中的公司股份。

对组合资产的第一次外部评估，结果令人感到十分意外，也让各利益相关

① 在这样的时点，在正式任命之前，候任部长可能会做出这样的让步。

人、纳税人、金融市场、政治团体以及商业界意识到资产是何等广泛，让这次改革试验有了适当的外部环境。组合资产从此有了基准，可以和私营公司进行比对，也能使用统一的股票市场业绩指标，与私营控股公司如银瑞达(Investor)、瑞典北欧工业开发投资集团(Industrivärden)、瑞典传媒集团(Kinnevik)等类似公司的业绩进行比对，或与任何业务相似的私营公司进行比对。

官方估值高达5 000亿瑞典克朗(650亿美元)的利维坦一夜之间就来了。这个庞大的瑞典国家资本之前一直处于工会的控制下，被称为“赚取工资者的基金”，它的堡垒直到最近才被攻破，现在看起来就像个穿着深色西装的大高个子，隐隐杵在瑞典私营部门旁边。瑞典政府，或者应该说是瑞典公民，显然就是或者更应该说公开透明地，成为了国家商业资产最大的主人，所持有的规模比其他任何私营机构持有的都要超出好几倍(见图7.2)。

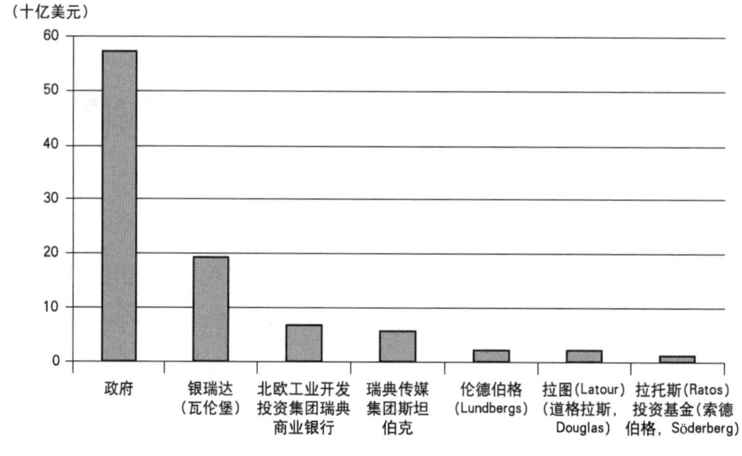

图7.2 瑞典最大的股东

资料来源：瑞银，瑞典政府

技术进步与解除管制都需要重新构架

随着中国和印度以竞争者的身份进入国际经济圈，同时伴随着技术的快速发展，所有行业的逻辑都不可逆转地改变了。瑞典对立的两个政治派别在20世纪80年代末、90年代初达成共识，要想在日益国际化的世界里保持竞争力，基础设施建设行业的自由化不可或缺。

可惜，最大的几家国有企业以前曾经是垄断企业。这样一来，政府既是资产的所有者，又是行业规则的制定者（也就是说，国家既是球员又是裁判），这让政策变得很复杂。想要让曾经的垄断企业改进效率，还需要对整个行业重新构架，并重新制订规章制度。[1]

将某个板块放开竞争有点像打开潘多拉魔盒：一个简单明了的目标，揭开了各种利益集团以及政客们试图平衡的隐蔽的利益冲突。这也是很多观察家要求彻底私有化的原因之一，彻底私有化是条捷径，可以弄清形势，避免目标冲突，可以让整个板块迅速重组。

一直藏在垄断企业这个巨大怪兽内部的种种问题，一旦在自由化浪潮中揭开了面纱，是很难再把它们塞进盒子里去的。任何一个国家，只要曾经将垄断的铁路、邮政或电网自由化，都会明白这一点。将火车轨道和车厢分公司经营，把物流服务卖给第三方机构，等等，只要经历了这样的过程，任何国家都无一例外地揭开了几十年来的管理不善、资金划拨混乱、投资不足、腐败以及琐碎的各方冲突等问题。

瑞典国家铁路：从企业集团到专注的服务供应商

瑞典铁路服务最开始的名称是皇家铁路局，后来改制为瑞典国家铁路公司，简称SJ。这是一家国有综合机构，负责所有铁路系统的运营，每年从政府领取补贴，以弥补经营这项不赚钱的业务所带来的损失。由于缺乏监管、业务不透明，瑞典国家铁路公司膨胀成为一个效率低下、机构臃肿的企业怪兽，虽然仍是国有机构，核心业务之外的资产却五花八门，从餐馆、赌

① Swedish Government (2005)。

场、酒店到船舶、公交车队等，应有尽有。

到了1988年，社会民主党政府决定在这个行业实行自由化，开放竞争，以提高效率并降低预算需求，同时改善服务，为终端用户降低价格。

那年采取的第一个措施就是基础设施与日常运营分开，成立了瑞典皇家铁路管理局(Banverket)，负责所有铁路基础设施，并且让瑞典国家铁路公司保留了SJ这个传统机构的品牌名称，负责业务运营方面的业务。[①]

第二步是两家都开放竞争，1990—1992年首先放开了地方、地区的运输业务，跨区域的运输业务则推迟到2010年才开放。即使如此，瑞典仍是欧洲首先大规模减少铁路市场监管的国家之一。

瑞典国家铁路的公司化进程自1990年才开始，其间暴露出不少问题，如组织结构松散，不适应现代服务业的要求，业务模式不可持续等。政府决定将瑞典国家铁路公司进一步分拆成三个部门：客运，货运，以及一家单独分开的控股公司瑞典运输公司(Swedcarrier)以负责所有非核心业务。当然，这三家公司还是都归政府所有。这次分拆是为了让客运、货运部门瘦身，聚焦于核心铁路业务，并准备好去跟新的进入者竞争。客运公司仍保留SJ的品牌，货运部门启用新的品牌"绿色货运(Green Cargo)"。这两家公司都聘请了专职管理团队，准备积极面对来自私营业竞争者的挑战。瑞典运输公司还并购了支持服务部门，将它们打造成为第三方服务供应商，而不是这些运营商的一部分。

瑞典运输公司还组建了一个独立的董事会和管理团队，他们富有公司重组与业务剥离的经验。巨额的房地产资产被集中起来，交给了一个独立的子公司——杰恩哈申公司(Jernhusen)，有专门的管理团队负责开发这种独特的房地产资产内在的潜在价值。所有非核心的支持服务业务都出售给了独立的第三方，包括IT服务、车辆清洁、车辆准备服务、维修、咨询业务等等。这使得杰恩哈申公司成为一个专门用来发展广泛的物业资产的机构，

① Swedish Government (2005)。

这些物业资产此前在老机构的资产负债表上被彻底遗忘了。其他公司化之前出售的业务还有：

- Swebus，从事长途汽车业务，甚至还拥有加油站；
- 所持有的瑞典货运中心股份有限公司（ASG）公司的股份，从事货代业务；
- 斯冈德兰轮渡公司（Scandlines），从事瑞典南部与大陆的渡轮业务；
- 遍布全国的酒店业务；
- 大量用以给最大的火车站、购物中心、铁路餐车和高端餐馆、赌场提供服务的餐馆业务。[①]

为期三年的公司改制项目，全面揭开了存在了几十年的管理不善，包括基础设施和车辆投资不足，管理不力，缺少协作，还有内耗等问题。许多问题需要在行业内部解决，首先是调整上层的管理框架，然后是制定行业发展的协调机制。

不难理解为什么重组公有资产会遭到与生俱来的政治抵制。在不透明运作的地方，相关利益集团可以获益，可以繁荣，因此不会主动寻求阳光，当然太过追求阳光也不会帮助政客赢得选举。1991 年上台的中右翼政府将私有化列为优先目标。而后的确有差不多价值 300 亿瑞典克朗的资产在该政府三年的任期内完成了私有化。

另一方面，尽管官方拒绝整体私有化，而是选择积极的所有权管理，但占少数的社会民主党政府在 1998 年之后的进程中还是剥离了价值 1 500 亿瑞典克朗的资产。此规模是此前那个以市场为导向的政府所处置资产的五倍，这是借鉴了撒切尔主义（译者注：保守的自由主义）的做法。而在 1998—2001 年积极的所有权管理期间，资产的总价值增幅显著，见图 7.3。

---

① Carnegie (2002b)。

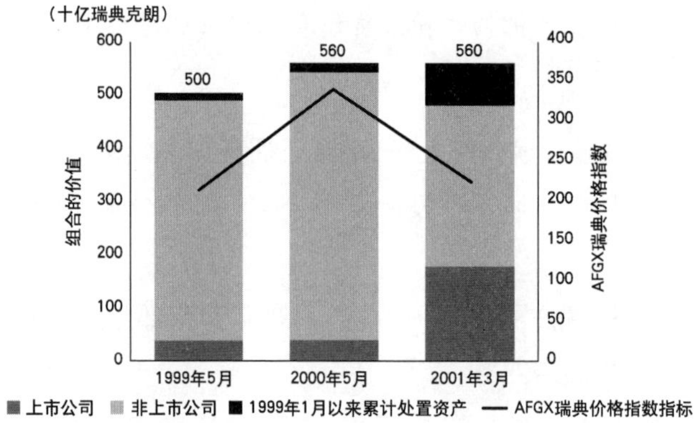

图 7.3　瑞典(政府)组合击败了市场指数,包括剥离资产的价值

资料来源:瑞典工业部,来自经纪人的估值

此外,法国巴黎银行(BNP Paribas)[1]曾总结过,瑞典国企这场脱胎换骨的蜕变大大促进了经济发展,因为这一过程提高了公有企业的回报率,强化了市场竞争,提高了生产率,并最终遏制了通货膨胀。的确,就像发生在其他任何一个给公共职能部门(如电信、电力)放松管制的地方一样,从20世纪90年代后期到21世纪最初的几年,这些职能部门服务的价格明显下降。对国企运作模式的"革命"意味着政府与那种"老旧"政策的决裂,告别了种种遏制竞争、资本和劳动力运用效率低下、存货管理不善、政策不透明等弊端。按照法国巴黎银行的说法,瑞典国企的经营管理其实与私有企业已经没有太大区别了。

政治绝缘

要统一管理由一系列公司组成的资产组合,在私有行业内,通常的做法是把所有资产都置入同一家企业化的控股公司。持有大量资产组合的私营竞争者们通常都配备此类机构,如瓦伦堡家族(曾是历史上对瑞典工业化进程最具影响力的家族)拥有瓦伦堡投资,瑞典商业银行拥有瑞典北欧工业开发投资集团

① BNP Paribas (2001)。

(Industrivärden)，斯滕贝克家族(Stenbeck)拥有瑞典传媒集团 Kinnevik 和 Invik(两者现已合并)，索德伯格家族控股拉托斯公司(Ratos)，等等。瑞典政府的改革其实并没有走到这一步。这场没有先例的所有权改革过程，缺乏恰当而正规的、类似私有行业那样的控股公司来整合全部资产所有权。这会产生不少问题，不过仍旧出现了一些令人惊喜的元素，再加上推行速度很快，弥补了上面的不足之处。至少，在开始阶段呈现了这样的效果。

在开始阶段，瑞典政府首先把所有权管理集中到一个单一的政府办公室，创造了一个更加统一和商业化的所有权管理环境，并将它与那些发展目标与之相互矛盾的国家职能部门彻底分开。由于缺少强有力的机构组织框架，在实施重组期间，对组合的积极管理完全依赖于在职人员的个人特性与他们之间的非正式关系。

设立所有权政策对于创建清晰的政府办公室指挥系统至关重要，可以把权力与责任分散到适当的层级之中，并促进效率的提高。由于没有设立主要的封闭机构来隔绝短期的政治影响，每家公司的首要法律责任都交给了下一层级——公司董事会。

政府保持所有权的政策使得权力被真正下放给了董事会——该董事会由无行政权力的董事们组成。相关政策明确限定了政府作为股东的职能，包括：

- 制定行业愿景；
- 设定财务目标和业绩指标；
- 批准每家控股公司的资本结构和股利政策。

部长们也由于这些透明化的对他们职责范围的限定而受益匪浅。由于对所持资产的权力受限广为人知，当面临棘手的商业抉择时，要求他们干预的压力大大减轻了。这个益处只有在具备以下前提下才能发生，那就是政客们保持他们的立场，不去干预甚至不去评论，只是严格地履行政治上的所有权，并与董事会的职责界限分明。对这种隐形条款产生的任何怀疑或偏离，都会破坏彼此的信任。

明确目标

重组的目的，是要提高组合的综合业绩，使每个被控股公司都能“像私营企业那样”运作。政府中的社会民主党及其工党同事接受了这样的事实，那就是全球化与技术发展完全改变了网络化运作的工业，例如电信、电力和很多交通运输行业。因此，他们完全可以接受将追求价值最大化作为国有所有权的唯一目标。他们一致同意将这个为期三年的政府资产组合重组项目的座右铭设定为——有价值的公司创造有价值的工作。[①] 这个座右铭背后的理论是：一个具有国际竞争力的公司更有机会提供可持续的工作，这样的工作酬劳也会更高。

为了给国有企业的管理层引入所有权文化，首先同时也是最重要的，是让政府不要尝试施加任何短期的政治影响。公司董事会必须被充分授权，进行专业化运作。保持这项新政策的可信度，对于能否聘请到合适的专业人才至关重要。引入董事会的内部评估，可以深入了解每个控股公司到底需要什么。尽管商业人士对积极管理国有资产的疑惑依然存在，很多有经验的、老练的专业人士还是担任了无行政权董事会任命的各项职务，以及其他类型的顾问性职位，其特有的集体行动精神与国家服务精神有着异曲同工之效。

三年之后，85%的非执行董事职务都由专业人士担任，其中约40%是女性。同时，大约3/4的企业聘请了新的首席执行官，半数聘请了新的首席财务官。

另外还有几项措施被采纳以便提高董事会效率，包括基于市场的薪酬体系，基于董事会的评估、业务计划的需求，以及偶尔经外部支持、由提名委员会管理的招聘流程。[②] 最终，超级部内负责重组资产组合的管理部门基于此建立了自己的数据库和人力资源储备。

透明化

尽管缺乏一个正式掌控所有资产组合的控股公司，政府还是设法公布了完

① SEKO（瑞典服务和通信业工会，2000）。

② Swedish Government（2000）。

整资产组合的综合年度报告。这就进一步提升了透明化，建立了一致性，让每个被控股公司的管理层目标与所有者的目标统一。

将非商业化组织或者公司明确分离出去履行政策目标，仅把商业性公司纳入商业资产组合，就像政府在第一年的年报中披露的那样，少数派政府为商业资产组合建立了所有权文化，并将追求股东利益确立为唯一目标。因此政府能够得到各个政治派别的支持，甚至还有来自工会的支持。

每季汇报制度进一步提升了透明化标准，让公众尤其是媒体、金融机构和商业界，以及非政府组织能够进行更严格的监督。年度大会对公众开放，进一步使得专业人士、媒体和感兴趣的个人能够进行外部的财务与行业评估。现在他们已经可将商业化的国企与同行业的私营企业或整个行业业绩进行比对。[①] 投资银行甚至开始把非上市公有资产纳入证券研究报告进行比较，有时候还将此类证券研究报告公开发布，就像这些公司已经上市了一样。

资本结构

有一点非常重要：要从政治上全面接受“追求价值最大化是国有商业资产组合的唯一目标”。这不是由意识形态驱动的，而是基于对现实的不情愿的认可：其他选项都尝试过，而且都失败了。

从历史上看，政府所有制的公司在做投资决定的时候，资本成本比真实的市场资本成本要低得多。科技的进步，使得这些缺乏效率、资本过度密集的政府企业，在面对灵活、专业而又目标明确的新进竞争者时，就像蹒跚的巨大恐龙一样笨拙。可以发电子邮件，为什么还要寄信呢？能用移动电话，为什么还要为了安装固定电话等上几个星期？既然有便宜、安全的廉价航空，甚至能自己驾车舒适出行，为什么还要在误点的国营铁路上受罪？

实现资本回报的压力，在每家被控股的公司都掀起了内部文化的革命，结果就是财务部门纷纷聘请来专业人士。不过，管理层与所有者之间常规存在的激

① *Financial Times* (1999)“Welcome to the ways of the market”，November 12。

烈争执，也就是如何确定合适的债务和权益平衡点，在这些国企中有时也会蔓延到政治领域。一个争论的焦点是，国企们该不该寻求建立大量储备金、过多的权益以及庞大的资产负债表，作为困难时期的储备，以及寻租的来源。

引入有竞争力的股利政策，给所有利益相关方提供了非常有效的信号，彰显了政府的意图：这些所控股的公司要跟私营领域的企业一样，在相同的条件下运作。在政府计划协调其资本结构，与私营领域相匹配的行动中，这一意图也得到了体现，要求企业支付一次性的红利。① 为了实现这一政府意图，鼓励公司对员工实施各种激励方案，把组织机构的目标与所有者的价值最大化的目标统一结合起来。②

通过从资本市场扩大债务融资，进一步拓宽利益相关方，同样有助于引入市场规则。为了得到良好的债务评级，实施严格的财务制度能够控制借债成本上升。③ 通过向私营部门发债，国有资产公司能够享受私营部门提供的诸多便利，而无需出让任何控股权或其他权益。

北欧航空：股权的合并

共同组成北欧航空这一品牌的三家上市公司的股价，长期处在无谓的低价位上。这个品牌由瑞典、丹麦和挪威三家相互独立的国有航空公司共同组成。作为国家承运商，北欧航空于 1946 年成立，由三国政府和瓦伦堡集团共同设立，提供可靠的区域性短途航空服务。随后该公司在三国的斯德哥尔摩、哥本哈根和奥斯陆股票交易所分别上市，资产仍由各自的国家公司持有，彼此之间达成了复杂的运营协议。这份像外科手术一样复杂的协议，在公司内部产生了 3 倍的官僚级别（成本也要乘以 3），也让管理层面对 3 倍的工会实体数量。

北欧航空的所有权结构终于在 2001 年 6 月并入了一家新设立的、由各

① *Financial Times* (1999) "Welcome to the ways of the market", November 12。

② Swedish Government(2004)。

③ Merrill Lynch (2000)。

国政府持股的控股公司，其中瑞典持股21.4%，挪威14.3%，丹麦14.3%，剩下的50%公开发行，在股票市场交易。

这次股权结构重组不仅涉及复杂的运营和财务问题，还涉及着陆权、飞越权等十分复杂的外交层面上的重重挑战。这些都需要在没有先例的多边谈判中重新进行谈判。经过各利益相关方、各个层次几个月的角力、准备、谈判、协调，航空公司终于合并成为一家独立公司，持有单一股权，几十年来的复杂局面终于开始变得透明一些。

三方合并对股价产生了预料之中的积极影响，并为大幅提高运营效率铺平了道路。同样，作为一个关键步骤，公司得以参与更广泛的行业合并。不过到最后，挪威政府拒绝了当时组建成为更大欧洲公司的邀请，并阻止了任何潜在的交易，因为政府的权力仅限于股权协议。

作为国有航空公司，北欧航空在成本结构、组织机构上，仍跟低成本竞争对手例如挪威航空相去甚远——后者改写了航空业整体局面，并成为了地区冠军。而对北欧航空而言，产能过剩、成本结构不佳等问题，迫使其回到资本市场寻求定期的资本注入，并不断承诺进一步削减成本、改善结构。

当下这三家政府股东同意参与欧洲航空一体化，但目前这个建议仍处在一个更为艰难的状况。

精简每家控股公司，并发展核心业务

主导市场的公司可以产生显著的利润。如果没有积极、专业的股东对公司严格要求资本回报和分红，管理层会本能地用复杂的会计技巧掩盖利润，或者虚增成本和投资。这就会产生一个符合逻辑的结果，就是企业将会通过纵向或横向一体化来积极扩张，而不是老老实实地分红。

在国企内部，当需要额外资本的时候，由于筹资的实际过程过于繁琐，这种本能进一步被强化。跟私营企业相比，国企如果需要额外资本，需要经过繁缛又耗时颇多的政治过程，往往包括寻求国会的关注。在这一过程中，筹资需求的商业价值就要跟税收的其他用途进行权衡。所以，资金的使用就会被拿来跟托儿所、学校、高速公路甚至国防需求方面的建设进行一一比较。同样，根据必要性，从政府和国会申请资金要遵循政治的时间表，这个过程完全不会考虑市场的需求或资本的时间价值。

大体上说，瑞典对于国有企业监管的改革，使得企业从短期政治影响中隔绝开来，建立了以价值最大化为核心的所有权文化。这就使得管理层能够将经营重点放到产生高附加值的活动中去。与核心业务无关的活动只会干扰管理层的注意力，因此需要剥离。管理层逐渐明白，就像任何一个天才运动员都无法做到同时在马拉松和拳击赛中获得胜利一样，他们（高级管理人员）也无法论证自己可以在多个角度、各种与核心技能无关的商业机遇中充当全方位的专家，所以最终他们必须做出选择。

瑞典邮政：一家公共事业公司的蜕变

瑞典早在1993年就完全开放了邮政市场，成为放开邮政服务管制最彻底的欧洲国家。该市场管制的解除，跟放开电信市场碰到的情况类似：随着跨越国界，科技水平的飞速发展，市场变化日新月异，定价行为、服务项目、效率和市场参与者也都有着剧烈的变化。当时瑞典邮政已是欧洲效率最高的邮政运营者之一，仅次于荷兰国营邮政TPG。但是，想要将它的竞争优势出口到其他欧洲国家的机会却十分有限。

不仅如此，由于越来越激烈的竞争，以及新的通信形式——互联网的替代作用，公司的信件相关业务受到严重威胁。瑞典邮政的利润率很低，运营杠杆很高，再加上面对的是一个完全自由化的市场，新的竞争者又无需提供全面派送服务，使该公司面临一个优质业务快要全部被新进公司“摘桃子”的尴尬局面。[1]

---

① JP Morgan (2000)。

就在1998年圣诞节之前，瑞典邮政要求股东注入大量资金，否则，按照它的声明，公司就可能要破产。股东迅速做出反应，圣诞节期间就安排了财务评估和审计。审计结果清楚地显示，公司其实并不需要额外资本注入，只是需要简化会计结构、财务重组，并加强对核心业务的关注。

于是，一个新的董事会宣告成立，并在这充满挑战、没有海图的“水域”杀出一条路。在跟股东就核心业务范围、物流定义进行了一番不大的争论后，公司开始集中精力，整合资产负债表，剥离所有的非核心资产。首先从付款结算系统开始，为了适用于银行系统，重组了波斯特吉洛特(PostGirot)并出售给上市的北欧联合银行(Nordea，部分股份由国家持有)，随后是瑞典货运中心股份有限公司(ASG)的控股股份的出售，这是一家在瑞典上市的大型交通及物流公司，买家是德国邮政的物流子公司丹沙公司(Danzas，该公司随后并入DHL，名字也改为同一个国际知名的品牌)。瑞典邮政还出售了几家少数持股的公司股份，其房地产组合出售给了德意志银行私募基金。

最重要的是，瑞典邮政在很短的时间里就完成了史诗般的战略转型，且几乎没有引起政治摩擦。瑞典邮政曾经拥有庞大的邮局网络，但到今天已经把几乎所有零售业务都外包给称为“服务点”的加盟店网络，例如超市、蔬菜商店以及加油站。支持这次转型的来自政治方面的努力同样引人注目，因为地方邮局曾被视为将这个地域辽阔、人口稀少的国家联系在一起的重要历史符号，也是建设瑞典现代福利社会的重要支柱。主动拆除这个有力的符号，直面强大的工会化的公有制员工，需要相当的政治决心、共识，以及工会的远见和政治领导力。工会得到被称为特利亚模式的有力支持，这是一个技能更新体系，给员工提供大量机会，在通知期(时间根据需要可以更长)内全职寻找新的工作，还可以得到专业支持、在职培训、办公场地以及相关的工具。

早早就将邮政服务进行合并的追求终于结出了硕果，2009年瑞典邮政与丹麦邮政合并，称为北欧邮政，瑞典政府持股60%，丹麦政府持有剩下的40%。

借鉴了20世纪90年代初处理银行危机的“好银行/坏银行”的概念，非核心资产通常都被分离出来，转交给一个独立的控股公司进行重组，这种公司既有专门的管理团队和经营目标，也拥有资产重组与资产剥离的专门技能。资产分离可以让核心业务的管理者专注于业务拓展，不必担心非核心业务的重组问题。非核心业务的控股公司要么直接由国家所有，例如垄断巨头瑞典铁路集团SJ，要么仍保留在集团之内，但引入私募基金性质的额外股东，从而借鉴它们的专业技能，这是电话公司特利亚的处理模式。

在实行重组计划的三年期间，政府商业资产剥离了大约三分之一，包括特利亚的IPO，以及在纽交所上市的法玛西亚普强公司（Pharmacia & Upjohn）的部分股份，转让时的价位创造了历史新高。几家政府持有控股股份的上市公司都在计划进行期间实行了大幅重组，包括北欧航空、塞尔瑟斯公司和阿斯多曼公司。

从积极到放手的监管

积极重组活动取得了惊人的成功，但它们在某些瑞典政客眼里可能也存在一丝运气的成分。成功来自首相清晰、明确的授权，以及称职的团队。哪个因素都不能长盛不衰。也许是这个原因，使得瑞典政府逐步改变了方针，从积极管理转为放手模式。特利亚公司的发展展示了这种转变以及其带来的后果。

特利亚公司：移动电话先驱的国际化野心被终止

1998年，特利亚公司（前身是政府持有的垄断电话公司特里沃克特公司〔Televerket〕）的首席执行官拉斯·伯格（Lars Berg）独自决定出售政府持有的股份，没有所有者的认可，没有跟其他高级经理讨论，更没有告知董事会。为了保密，他独自主导谈判，未经股东授权，也没有遵循进行此类商业交易的任何标准程序——包括进行尽职调查、外部估值或战略评审——来确认交易的营运、商业以及财务方面的可行性。这位首席执行官简单地与挪威政府就特利亚公司和挪威国有电信公司特里诺公司合并达成协议，主观随意地制订了一个股份价格，没有进行任何外部或内部评估。政府在新一轮主动管理过程中才发现了这份协议，使得瑞典方面的每一个人，包括董事长、首席财务官直至首相本人均深受震动。

两国政府为了避免尴尬局面，在高度保密的状态下进行了专业谈判。瑞典政府聘请了专业顾问，采用成熟、专业的一整套程序来评估该项交易的商业可行性，给将要合并的双方做出了正确的估值。拉斯·伯格离开了公司，接替他的人是来自爱立信这一瑞典通信科技与服务供应商的一位管理层人员。由于合并过程没有满足挪威的意图，包括他们力图基于财务安排进行具体谈判而不欲进行专门估值的考量，秘密谈判破裂了。后来有内部人士开始向媒体披露谈判内容——这可能是企图向瑞典政府施加压力的一种方式。

一旦商业谈判大白于天下，后面的进程就由政治驱动了，两国政府彼此在媒体上抹黑对方，长达一年之久。但直到最后，才暴露出来挪威政府的秘密意图，即企图接管瑞典移动电话的研究部门（当时正值科技股泡沫时期），该部门被公认为达到了世界最领先水平。显然挪威方面推动这次合并的动力，是希望能将瑞典这个顶级的研究团队迁到建在奥斯陆郊外的挪威科技园区，当作科技园的奠基石。

到了 1999 年 12 月，并购谈判彻底失败，特利亚公司转而与芬兰电信(Sonera)合并，这是一家刚刚上市的芬兰移动通信公司，同样也是由政府持有部分股份。因为芬兰电信已经上市，特利亚公司在合并之前必须合规，以便得到合理的价值评估，为了让公司避免遭到民众指责进行利益交换，这一举动具有特别的意义。

首发上市之初，亦两家公司合并行为的前一年，芬兰电信的股价一飞冲天。对于那些想要投资公共通信领域的投资者，芬兰电信是首选的目标。可是后来，这笔从原来的政府和纳税人到现在的新股东的巨额财富转移，遭到了强烈抨击，引发了政府危机，并导致当时主管的部长以及公司首席执行官的下台。

瑞典政府很害怕重蹈芬兰的覆辙，要求对特利亚公司的首发上市做激进的定价，以避免出现类似的廉价出售国有资产的指责。不仅如此，社会民主党少数派政府的政治本能,把激进定价与此次国企私有化的进程结合起来,宣传说这是“人民的股票”,鼓励大众参与申购(给予有限购买权等),结果有 10%的民众买入了该公司,创造了前所未有的历史纪录,也导致了意想不到的政治后果。

从财务的角度看,特利亚公司的首发上市活动,对于政府和纳税人都算是一次空前的成功。首发活动于 2000 年 6 月结束,恰逢科技股泡沫的尾声,由于市场对于公司的预期比较正面,即使后来的股票市场崩溃,股票交易依然平稳。[①] 经过专业的评估和商务谈判,两家上市企业特利亚公司和芬兰电信宣布于 2002 年 3 月实施合并。新公司的名称是特利亚-索纳拉(Telia-Sonera),37%的股份由瑞典政府持有,13.2%由芬兰政府持有,其余股份主要由机构投资者和瑞典散户持有。

而从政治的角度看,市场涨跌不会带来选票。科技股泡沫的破灭同样对特利亚公司的股价打击很大,说明把上市公司股票像无风险的主权债券那样出售给普罗大众是有风险的。在社会民主党执政期间,这件事情一直折磨着他们,有 10%的选民承担着股价下跌的财务损失,因为政府同时也作为商业资产的所有人,当初的所作所为决定了超高的股票价格。

从商业的角度看,三年的“所有者积极参与计划”之后,合并后的公司仍坚持走集中于核心业务的路线,持续提高运营效率。可是,却没有常设的机构框架来接替所有者积极参与计划,也没有对资本结构提出更严格的要求,公司终于又开始并购与核心业务及市场完全不相关的资产,并且事先没对这些业务和资产做任何详细的了解。相关并购活动在财务、法律、政治上都遭到了反弹,至今仍影响着公司业务发展。

上述影响还可从特利亚-索纳拉公司首席执行官拉斯·尼伯格(Lars Nyberg)于 2013 年 2 月 1 日辞职的事件中得到具体例证。该公司聘请一家律师行调查一项渎职行为,在报告中声称公司应该在 2007 年购买乌兹别克斯坦电话牌照的时候更加谨慎。瑞士检察官冻结了价值 9 亿美元的与古尔娜拉·卡利莫娃(Gulnara Karimova,乌兹别克斯坦总统伊斯兰·卡里莫夫〔Islam Karimov〕

---

① UBS Warburg(2000)。

的女儿)及某个移动电话运营商相关的资金，之后发起了这项调查。特利亚-索纳拉公司同时也披露，荷兰政府要求它提供1 000万到2 000万欧元之间的担保，因为当时荷兰本地的控股公司提出了针对该公司的财务索赔要求。调查范围随后进一步扩大，瑞士、美国和瑞典本土检察官都参与了进来，因为有指控说2007年特利亚-索纳拉公司虽然早就知道在直布罗陀注册的塔吉兰特公司(Takilant)，实际上就是卡利莫娃和她的家族的影子公司，但为了得到乌兹别克斯坦的3G牌照，仍然支付给它23亿瑞典克朗(3.58亿美元)的资金。

这些指控首先于2012年出现在瑞典的电视节目中，迫使尼伯格及该公司大多数董事和几名高级经理下台。如果调查认定特利亚-索纳拉公司违反了美国法律和证券交易委员会的规则，该公司还将面临巨额罚款。

此外，新的董事会对特利亚-索纳拉公司欧亚部门(包括摩尔多瓦、格鲁吉亚、阿塞拜疆、哈萨克斯坦、塔吉克斯坦和尼泊尔)的独立调查显示，在这些国家的交易形式都与乌兹别克斯坦的交易类似，因此要求公司披露更多信息。新任首席执行官约翰·丹尼林(Johan Dennelind)于2013年9月上任，他的任务是清理这家电信运营商，为此任命了一个新的首席合规官员和总顾问，并在公司内设立了反腐败程序。

缺失的环节：控股公司与2001年以后发生的事情

对一家公司来说，不管国家持股比例大小，只要政府持有股份，大家就认为这是一家国有公司。我们注意到，政客从来就当不了称职的股东，他们考虑的问题比价值最大化要多出太多。插手国企的行政事务，往好了说会信息不足，往坏了说就是投机主义。但是消极管理或者彻底放手的所有权也不好。就像上面特利亚公司的案例说明的那样，这会产生监管的真空地带。管理者通常会填补这个真空，同时承担着股东和管理人互相矛盾的双重职责。

在这种情况下，授权一家独立的控股公司，制定简单、单一、清楚的经营目标，可以让控股公司代表纳税人及其代理(也就是政府)发出清晰明确的声音，履行专业的企业监管的职责。这种举措是非常有价值的。

政府作为规则制定者和资产所有者，天然存在着棘手的利益冲突。根据瑞典政府的一份关于自由化与制度建设的官方报告，在一个解除管制、实行自由化的行业中，设立这种独立、封闭的所有权管理工具，同样可以解决这样的利益冲突。这份报告强调，这种控股公司的所有者仍然可以属于政府，但不能与任何制定规章制度的行业主管部门发生交集。①

瑞典政府关于中央政府资产所有权监管的报告，也得出了类似的结论。报告认为，应设立一个独立承担责任的专业机构来监督企业运营。这样的机构可以作为纽带，一端连着议会与政府，推行政治与战略监管，另一端连着资产组合中的每个公司，以便在进行日常监管的同时创造价值。②

悲哀的是，瑞典政府的高瞻远瞩未能得到落实。进入新的千年后，国有企业的监管恶化了。没有设立机构框架来执行更长久的积极的监管，而是采用放手不管的模式，致使许多低级错误不断涌现。瑞典大瀑布电力公司就是这样一个匪夷所思的例子。

瑞典大瀑布电力公司：本地小公司变成欧洲的巨人

2014 年 10 月，瑞典大瀑布电力公司作为欧洲最大的能源企业之一，宣布资产减记要进一步扩大，达到 530 亿瑞典克朗(68 亿美元)，超过资产总价值的 10%。这一举动主要与 2009 年并购的荷兰公司努昂(Nuon)有关。③ 根据瑞典银行(Swedbank)的估计，近来大瀑布电力公司的市值已经跌去一半，从价值约 4 000 亿瑞典克朗(510 亿美元)下跌到 2 000 亿瑞典克朗。④

巨大的经济损失带来了政治方面的反弹，不仅仅因为其价值损失规模超过了瑞典 GDP 的 1%。早在资产减记事件发生之前，这家公司就已被迫分拆成两

① Swedish Government (2005)。

② Swedish Government (2012)。

③ *Financial Times* (2013) "Writedown moves Vattenfall to restructure", July 23。

④ *Financial Times* (2014) "Utilities companies search for new business models as losses mount", October 22。

个分支：一家负责北欧，一家负责欧洲。公众认为这一尝试是想在 2014 年 9 月大选之前，弱化各界对政府的批评，最后得到时任首相的关注，允许出售该公司的少数股份。①

跟很多欧洲发电企业一样，自 20 世纪 90 年代欧洲放开能源市场后，十几年来大瀑布电力公司进行了多项并购，积累了巨额债务，地位被严重削弱，没能为之后的欧元区危机和能源市场的巨变做好准备。2013 年，该公司宣布削减2 500 个职位，主要是在德国和荷兰，而且未来五年还要继续削减职位、压缩投资，以实现盈利。

1996 年瑞典开始放松监管规则，到 1999 年进入了尾声。自 1998 年开始，随着重组政府资产的行动，引入了私营企业的纪律和所有者权益文化，这些概念对于瑞典能源市场的主导者是非常陌生的。瑞典大瀑布电力公司新成立的董事会很快就让大家学会了从资本结构和资本成本的商业角度来考虑问题，因而强化了公司战略关注点。董事会还很快做出决定，剥离回报率不足的非核心业务，包括位于南美、南亚等偏远地区的资产。新的业务重心遵循商业规则，地域上则以波罗的海国家为核心。

德国和欧盟则是采用了新的监管体制，使得大瀑布电力公司有机会收购德国北部，例如柏林、汉堡的一些上市公司，以及波兰和芬兰的资产。不到两年，大瀑布电力公司发展成为德国第三大发电企业。可是，收购来的资产包括用褐煤发电的火电厂，以及褐煤矿，由于二氧化碳和其他污染物排放过高，到现在成了十分有争议的电力资源。

2009 年关于荷兰电力公司努昂的收购协议，收购价高达 970 亿瑞典克朗（当时折合 140 亿美元）。并购之后，大瀑布电力公司开始剥离丹麦和波兰的部分资产，把业务集中于三个核心市场：瑞典、荷兰和德国。②

随后在 2013 和 2014 年，大瀑布电力公司宣布创纪录的资产减记，在瑞典引发了一场关于政府所有权与管理层和董事会的有效性的政治争论。大家提出许

① *Financial Times* (2013) “Writedown moves Vattenfall to restructure”, July 23。

② *Financial Times* (2009) “Vattenfall lands Nuon in € 8. 5 billion deal”, February 24。

多问题，关注这场瑞典国有企业最大的并购活动的幕后细节，如努昂公司的首席执行官为何最后变成大瀑布电力公司的首席执行官，他与此次交易相关的薪酬到底存在怎样的属性，等等。

如果政府批准了并购，就像所有权所规定的那样，则又会产生新的问题：公有资金的运用是否得当？政府部长是否适合做出与财务相关的判断？我们因而要问，如果这些政府资产交给独立的控股公司，有适当的激励机制来落实积极的所有权管理，推行商业化的资本结构和有竞争力的股利政策，那么这次交易带来的价值损失是否可以避免？再进一步，整个监管体制是否缺少了什么，从而导致垄断利润被用于扩张而不是再投资？

在第八章，我们转向新加坡，这个国家为公共资产设立控股公司，并进行了积极管理的早期尝试。

8

新加坡的创新：又抓又放的监管政策

8

"Hands-on" But Independent Governance: the Innovator from Singapore

> 将监管商业资产的任务外包，目的是为了让政府能集中关注更重要的经济议题，同时，还可以鼓励纪律严明、独立运营的控股公司去实现长期的、可持续的回报。

在深入探讨新加坡经验之前，我们先来研究几个事实，了解一下新加坡对公有财富采取又抓又放这种监管方式的动机。

当瑞典对公共财富采取的积极管理方式初见成效的时候，国际观察家们表示出了高度兴趣，并给予了密切关注。2000 年，瑞银华宝的投资银行家沙逊爵士预言说，由于政府资产管理面临着越来越多的压力，需要提高效率、保持审慎和推进透明化，瑞典经验将很可能被许多其他国家借鉴。2003 年 9 月，英国政府就以瑞典模式为原型，设立了国有股东事务管理局(Shareholder Executive)，管理局是内阁办公室的一部分。现在，这个管理局隶属英国商务、创新与技能部(Department for Business, Innovation and Skills)。随后挪威和芬兰也修订了国有持股政策。挪威学习了瑞典政府早期的做法，设立了一个类似的部门，而芬兰则于 2008 年为其上市公司设立了控股公司 Solidium。[①②] 遥远的中国也模仿

① Finnish Government(2004)。

② Norwegian Government(2002)。

了这一做法，在国务院之下设立了国有资产监督管理委员会——这是专门针对国企的特殊部门；还成立了中央汇金投资有限责任公司，作为国有银行的控股公司。

1999 年，(瑞典)这项举措在经济合作与发展组织布达佩斯会议上被提交讨论。英国代表表示强烈支持，认为“这是值得其他会员国学习的做法”，但是南欧国家的代表都表示了拒绝，普遍认为“在我的国家无法推行”。尽管如此，经合组织的会员国仍达成共识，效仿瑞典的相关经验，包括将所有公有资产交给一个综合管理机构管理，并于 2005 年通过了经济合作与发展组织国有企业治理指南，并指定国际货币基金组织和世界银行为观察员。①

这些朝着积极、放手的监管方式迈进的种种措施，实际上是仿效了私营企业监管方式的转变。而私营企业管理近期出现的一场更为重大的变革，是倾向于建立更为积极和专业化的监管模式。

私营企业监管方式的改革

其实 20 世纪初的管理变革是朝着相反的方向发生的。这是因为私人投资者的很多股份都转让给了类似退休基金、保险公司这样的不具名机构。由于股东比较消极，大企业里真正的权力不再属于股东，而是属于管理层。随着企业变成大集团，甚至是企业帝国，资产回报里越来越多的部分都被低下的效率消耗掉了，臃肿的组织架构吞没了发给股东的红利。管理层任期都很长，而且几乎无人问责。有时他们甚至还可以将企业财富以现金形式库存，或放在子公司里面，在必要的时候将其出售变现。这往往导致公司盈利能力低下，增长率不高。

在 20 世纪 80 年代末到 90 年代初，大股东们逐渐开始明确地主张他们的权利。② 企业收购者、私募基金和股权积极分子，从迅速膨胀的资产负债表和傲慢

① OECD (2005a)。

② 尤西姆(Useem，1993)描述过这种变化。

自大的机构投资者中获益多多。很多国家事实上已经废止了交叉持股。管理层的薪水依旧可观，但多数与企业经营效益捆绑在一起，改善绩效的压力开始增加，管理层的离职率也开始上升。

有一点情况对我们的论证十分重要，就是股东逐步要求管理层全面交出企业财富。大企业集团往往被分拆，非核心业务开始剥离。现金储备以高额红利的形式支付给股东。一旦存在恶意收购风险，股东会要求企业提高资产利用率，产生更多的盈余交给股东。企业把不动产投资组合交给单一的专业团队，在统一协调的战略下进行管理，并且通常最终会剥离这些不动产。企业不得不增加资产负债表中的负债比例，采用高杠杆经营业务。由于可支配资产不多，管理层在业绩不佳的时候，很难动用储备来加以掩盖。想利用企业财富为个人牟利或对股东施加影响越来越困难——管理者既没有机会，也没有动力。

在很多西方国家的企业监管方式发生巨大转变的同时，企业生产率和回报率也显著提高。因此，我们认为值得检验一下同样的变化如果发生在公共财富领域是否也会奏效。政客们如果不那么容易染指公共财富的话，也许在治理国家为人民造福的方面会表现得更好。实际上在某些地区，我们已经观察到了这种积极的变化。

公共领域的良好典范

从某些方面而言，将资产与直接的政治关联剥离开来这一概念，不但已经被很多国家接受，而且也不存在任何争议。一个典型的不允许政治力量控制国有财富的例子，就是中央银行保持独立，不受政治力量控制。近几十年来，很多国家都已经采取了这样的做法。很多国际机构，包括世界银行、国际清算银行、国际货币基金组织等机构，都强烈支持中央银行保持独立。

在那些把中央银行当成提款机的国家，例如 2000 年后的津巴布韦，很快就爆发了恶性通货膨胀。不过，一个普遍而又微妙的问题是，当面对政治任务或压力的时候，中央银行可以保持过低的利率水平，从而鼓励工资膨胀或信用泡沫。对于表面上看起来独立的中央银行，政府往往保持着一定程度的影响力。例如，美联储的理事由美国总统提名，经国会确认，这显然是一个政治过程。

已经有若干研究证明，[①]独立的中央银行能更好地控制通货膨胀。当然不是所有的经济学家们都这么想，因为很难证明两者之间到底是确实相关，或仅仅是一种巧合。但是，也很少会有人认为保持独立是坏事。

如果将日常管理与政治干预分隔开来，公共养老金体系同样会获益良多。按绝大多数合理标准来衡量，公有养老金都管理不善，业绩不佳。世界范围内，许多用于公用事业项目的专项财政储备基金都被挪用，用来补贴住房、国有企业，以及其他经济发展相关的投资项目。[②] 这些资金被用于刺激股市，或为信用额度提供资金担保，甚至有可能还让政府能够在更大的财政赤字下照常运转。如果没有挪用这些资金，政府根本无力负担过于庞大的财政赤字。投资决策的制定是法规真空地带，压根不必对公众负责，也不用披露信息，管理过程更是不清不楚。如果想找个例子，我们可以回到希特勒的年代，他几乎耗尽了公共养老金，用于军备生产和修建公路。遗憾的是，近来居然还在发生更多这样的例子，比如阿根廷政府，就非常突然地全面接管了公共养老基金。

在试图改善公共养老金管理的过程中，很多国家开始逐渐限制政治力量对养老金的直接影响，力求强化问责制度，增加透明度。在加拿大，财政部长在咨询各省政府的意见之后，任命了 12 名加拿大退休金计划投资委员会(Canada Pension Plan Investment Board)成员。这个任命过程包含建立一个提名委员会，向联邦和省政府推荐合格的候选人。委员会和整个任命过程必须向公众公开，候选人除了要有合适的资质以外，还要有相应的技能和品质等方面的要求。

新西兰政府则选择将常规监管事务完全公开。根据新西兰法律，财政部长有权指导公共养老金基金的管理委员会。但是，指导必须以书面形式呈交议会，并在政府公报中公开。

这些做法该如何用于监管国有企业呢？事实上，已经有些国家成功地应用了类似做法：奥地利将很多国有企业都集中在一家独立的控股公司 ÖIAG 之

---

① 例如，可参见“Alesina and Summers (1993)”。

② 例如，可参见“Iglesias and Palacios (2000)”。

下，并通过立法，明令禁止政客担任董事。而在这些最初期的尝试里面，有一个来自亚洲的例子。

淡马锡控股公司：来自新加坡的先锋

2009年2月6日，淡马锡控股公司公开宣布，将任命全球最大的矿业公司——必和必拓公司（BHP Billiton）前任首席执行官顾之博（Charles "Chip" Goodyear）为首席执行官，他也是该公司的第一个外籍CEO。顾之博于当年2月加入董事会，3月成为候任首席执行官，不过到了7月就确认他不会担任首席执行官。作为亚洲最大、最知名的投资公司，这项任命（虽然后来很快被废止了）给淡马锡公司带来了新鲜血液和活力，迅速得到了广泛的欢迎。顾之博在大宗商品领域具有很多年的丰富经验，因此有传言说他的加盟是为了带领淡马锡进入自然资源和能源业务领域，因为来自中国的需求不断增长，带来了很多机遇。这项任命非常引人瞩目，因为淡马锡是新加坡政府全资控股的公司，而顾之博既不是新加坡人，又不是政客，他只不过是来自路易斯安那州的一个有点名气的美国企业管理者。

淡马锡公司于1974年由新加坡政府设立，经营管理政府在战略行业所拥有的，之前直接隶属于新加坡财政部的资产。1965年新加坡独立后，作为其振兴国家经济的实业计划的重要组成部分，新加坡政府当时在其他关键行业积极设立国有公司，包括制造业、金融业、国际贸易、交通、轮船制造业以及服务业。早期设立的公司包括吉宝置业（Keppel Trading）、胜宝旺机场（Sembawang Air Base），以及志在将新加坡发展为重要的造船、修船中心的裕廊船厂（Jurong Shipyards）。新加坡还成立了海运公司——东方海皇集团（Neptune Orient Lines），其充分利用了岛国重要的战略性地理位置，占据在这条全球最繁忙的，连接着欧洲、中东、北非和东亚各国的航线上。

将监管商业资产的任务外包，目的是为了让政府能集中关注更重要的经济议题，同时，还可以鼓励纪律严明、独立运营的控股公司去实现长期的、可持续的回报。1972年，作为时任副总理及淡马锡公司的创立者，人称"新加坡经济设计师"的吴庆瑞在一篇关于经济发展的文章中如是说：

> "第三世界的很多国家都有一种可悲的错觉，以为政客和公仆们可以成功地履行企业家的职能。很奇怪的是，尽管有太多相反的证据，这种错觉仍然持续存在。"①

在淡马锡公司实现自主经营后，新加坡还成立了两家控股公司：国家发展部控股公司(MND Holdings)和胜利控股(Sheng-Li Holdings，现为新加坡科技工程有限公司〔Singapore Technologies Engineering〕)，后者负责国防相关的业务，但这两家公司后来都并入了淡马锡。

现在的淡马锡自认为是一家总部设在新加坡的亚洲投资公司。不过为了应对国际上普遍将淡马锡公司看作一家主权财富基金的印象，候任首席执行官顾之博在2009年发表了这样的看法：

> "别把淡马锡跟主权财富基金混为一谈。主权财富基金操作的是现金储备。本地的新加坡政府投资公司(the Government of Singapore Investment Corporation)应该算是这种主权基金公司，它们用来投资的是国家的冗余现金。而我们作为投资公司，并不喜欢保存现金……我们设立公司是为了管理投资组合、投资股权性基金，并筹集资金、不断扩大整个组合的规模。"②

设立淡马锡这样的控股公司，是为了将政府监管及制定政策的职能与持有商业资产的股东职能分隔开来。③ 除了持有大量资产之外，淡马锡还成功地将政府的全部商业资产整合在一起。淡马锡的独特之处在于它是一家特别集中的国家财富基金，而其他亚洲国家，如马来西亚和阿拉伯联合酋长国，偏好设立多家国家财富基金。

有些批评家指出，淡马锡在公开的商业目标背后，其实还隐藏着政治目标。

---

① Goh (1972)。

② Ng (2009)。

③ House Financial Services Committee(众议院金融服务委员会，2008)。

政府可以利用淡马锡及其持有的国企组合，或者用新加坡人比较喜欢的称呼——政府关联公司，包括船运公司、星展银行、新加坡科技工程有限公司、新加坡电信(Singtel)等多家企业，来驱动国家经济增长。[①] 淡马锡的市值超过了全国 GDP 的一半，毋庸置疑地显示了它在新加坡的主导地位。美国驻新加坡大使馆泄露的电报谈到了这种主导地位的影响力，它是如此巨大，以致到了导致依赖关系逆转的地步，亦即新加坡政府有时要听从淡马锡公司的指示。[②] 因为淡马锡和新加坡政府投资公司的市值加起来，已经超过了整个经济体的 GDP，对于国家的成功有着举足轻重的影响。

鉴于此，新加坡国内外都出现了批评淡马锡公司持续膨胀的声音。通过淡马锡公司，新加坡政府主宰了当地的股票市场，控制着约 20 家最大的上市公司。谈起为淡马锡工作，人们常常开玩笑说这是“为国家服务”。本来设立国有企业的初衷是为了促进国家工业化进程，如今这些公司已经拓展到所有的经济领域，包括私营企业的领域。在新加坡本土，甚至在政府内部，许多人开始质疑这种国企主导经济的局面，也开始讨论这种现象是否会带来最终挤走私营领域的危险性。从这个意义上看，新加坡采用的方式跟其他亚洲小虎(中国台湾、韩国、中国香港)完全不同。那几个小虎的经济成功是基于私营企业的成功，而不是基于国有资本主义。所以，新加坡政府现在又开始积极鼓励私营企业发展，试图重建平衡的市场。

新加坡政府积极地，有时可能带有一些刻意地向国际社会表明，淡马锡及其持股的国有企业都是运行在商业轨道上，而不带意识形态背景——也就是说，没有受到政府的干预或优待。这些公司被期望是高效、盈利的，不享受任何特权或者隐藏的补贴。然而仍旧频频出现不少指责的声音，说国企得到了偏袒，私营企业蒙受了损失。国际货币基金组织进行了一项研究，调查了政府关联公司的潜在收益，希望给这些关联公司股价的持续溢价找到合理解释。结果发现，除了作为关联公司品牌认知度更好一些外，没有证据表明这些公司享有特殊待遇。[③]

---

① Low (2004)。
② Under the Willow Tree (2011)。
③ IMF (2003)。

尽管如此，每当考虑到进一步对外扩张的时候，政治独立性总是淡马锡的痛脚所在。

在20世纪80年代早期，政府审慎地把淡马锡和政府关联公司塑造成有盈利能力、能参与国际竞争的组织，因此每家控股公司都有能力参与对外投资和扩张。整个淡马锡的资产组合，包括58家公司和490多家子公司，从1974年的市值3.5亿新元，到1983年已增长至29亿新元。淡马锡旗下主要控股公司国际业务的增长，使它对地区市场的了解也同步增加。这为淡马锡公司之后持续多年的全面国际化扩张打下了坚实的基础。

淡马锡公司发展的第二阶段始于20世纪90年代中期，当时新加坡政府放开了十几个行业。淡马锡公司也通过收购一些新注册的关键性服务公司、国家公用事业和基础设施，如电信、港口、电力公司等，实现了不断扩张。之后这些公司都在新加坡股票交易所成功上市。

淡马锡2002年任命何晶(Ho Ching)担任首任专业首席执行官，开启了它战略发展的第三阶段。在此之前，只有高级公务员才能担任这一职务。但这项任命遭到广泛批评，因为何晶是李显龙的妻子，而李显龙的父亲是新加坡开国总理李光耀，而李显龙本人也于2004年担任总理职务。当然也有人赞成这一任命，因为这一任命能明确带领该公司重新回归商业导向和国际化的轨道上，还能够更关注股东的利益，剥离非核心资产。何晶主导了几个行业的海外强力扩张，包括金融服务业、不动产业、科技业、传媒业和电信行业等。进行海外多元化发展，有一个明显的原因，就是这个曾经的垄断寡头现在面对着开放的竞争市场和外资的进入，收益率会大大缩水。[1] 此外，公司的国内业务如果持续增长，可能与政府意图培育私营企业的发展方针不相符。

在2009年短暂任命顾之博以前，淡马锡遭遇到了一些挫折。最引人注目的是淡马锡在很多世界知名银行的大规模投资。这些投资与其核心业务并不相关，本质上也不易运作，所持股份的份额也没有大到足以积极参与管理。在2008—2009年亚洲金融危机期间，淡马锡公司的市值由此损失了1/3，沉重打击

① Shome (2006)。

了它作为一个积极、专业投资者的声望，尽管这次损失跟全球股市的走向是一致的。

其他一些挫折来自几次国际投资所遭到的政治方面的反弹。淡马锡公司尽管在企业监管、透明运作和专业管理方面很受尊敬，但仍然被视作为主权股东谋求国家利益的工具。[①] 淡马锡试图从泰国前总理他信·西那瓦（Thaksin Shinawatra）手中收购新集团（Shin Corporation）的股份（该集团把持了泰国的广播电视权），但该收购行为遭到了泰国民众的广泛抵制。印度尼西亚的反垄断部门指控淡马锡垄断通信市场，尽管淡马锡仅仅只是通过印尼当地的合作伙伴（印尼政府），间接控制了少量股份。另外，淡马锡公司对澳都斯公司（Optus，一家获得澳大利亚防务合同的技术服务公司）的投资，也招来了国际关注，认为淡马锡是新加坡政府的政治工具。

淡马锡的意图在美国也遭到了质疑，尽管公司在该国已有多年的投资历史，为多个企业注入大笔资金，如银行（例如对美林 44 亿美元的投资）、硅谷的新兴公司，以及很多私募基金和对冲基金。几家淡马锡旗下的公司在美国也有重要业务，比如，淡马锡的全资子公司新科电信媒体（Singapore Technologies Telemedia），持有 Global Crossing 公司 2/3 的股份（该公司在美国有超过 2 000 名员工）；还有总部设在加州的美国总统轮船公司（APL），是世界第七大集装箱运输和航运公司，由东方海皇全资控股（而淡马锡持有东方海皇 2/3 的股份）。美国总统轮船公司经营着美西三个州的港口，还是美国国防部第二大货物承运商，雇佣了超过 3 100 名雇员。还有一个例子是视觉系统公司（VT Systems），由新加坡科技工程有限公司全资控股，该公司在美国雇员超过 4 000 名，是美国军队的尖端科技和重要物资的主要供货商。[②]

这里凸显的主要问题是政治独立性。淡马锡一直由财政部持有，而李显龙总理的夫人何晶担任淡马锡首席执行官。她的任命从一开始就遭到批评，说这不是任人唯贤，而是任人唯亲——推进李氏家族的利益。聘请顾之博是为了修

---

① Ng (2009)。

② House Financial Services Committee (2008)。

正这一印象，并展示大家期望看到的政治独立性，改善淡马锡的机构形象。不过顾之博仅六个月后就从董事会辞职。公众并不知道他离职的原因，官方声明中只提到“在一些战略议题上存在分歧”。据说，董事会对于他的关于董事会管理方式的变革和新的战略方向的提议不太认可，还有人认为他提出的关于新战略的建议风险太大。[①]

后一种围绕着顾之博离职的推测，是他无法说服董事会投资于他熟悉的领域——采矿业和自然资源。进军采矿业可能会危及新加坡与中国的紧密关系，使得新加坡在自然资源领域直接和中国竞争——要知道采矿业领域对于中国的经济扩张至关重要。[②]

从与新加坡政府关系密切的消息来源处得到的信息显示，顾之博和淡马锡董事长苏皮亚·丹那巴南(Suppiah Dhanabalan)之间还存在着文化的冲突，苏皮亚·丹那巴南在2009年7月说道：

> “我们未来的首席执行官应该理解并认同我们的价值观，同时还可作为人脉、机构和机遇的创建者。不幸的是，行至半路，董事会和顾之博一致认为，终止这次领导层换人的计划，更符合双方的利益。”[③]

淡马锡是新加坡设立的投资运营机构，是一家国家财富基金，在既定资产的基础上，通过积极管理寻求长期价值的最大化；而新加坡政府投资公司则是一家主权财富基金，也就是储备现金的基金经理。这两者的区别就好比私募基金和对冲基金的区别。私募基金的投资策略是追求长期持有，对公司的投资持续多年，投资于大规模的项目，或者其他不易变现的有形资产，这需要对运营或资产管理拥有更大的控制权或者影响力，来获得长期投资回报。对冲基金则通常关注短期或中期的流动性证券，比较容易变现，但对于投资对象的业务或资产没有直接的控制权。

新加坡政府是一个净债权人，持有大约1 270亿美元的资产，而淡马锡和新

---

① *Wall Street Journal* (2009) “At Temasek, a foreign CEO-to-be won't”, July 22。

② *The Guardian* (2009) “Temasek abandons plan to install ChipGoodyear as chief executive”, July 21。

③ 同②。

加坡政府投资公司的资金合计 4 970 亿美元，其中淡马锡有 1 770 亿美元，新加坡政府投资公司有 3 200 亿美元。其总计资产相当于新加坡 GDP 的 111%，远远超过国债总额 3 700 亿美元。新加坡政府债的评级是 AAA，筹资的主要目的是用于发展债券市场。2013 年，在黑石主权风险指数排行榜上，新加坡仅次于挪威，排名世界第二。新加坡的国有资产负债表上通常保持财政盈余的状态。充足的政府储备让新加坡政府有能力推出财政刺激方案，即使经济周期处于下行阶段，也不用提高税率。在 2008—2009 年全球金融危机期间，当局靠着巨额的反周期财政政策，仍旧扶持了经济增长。

为保持增长，淡马锡大力推进国际投资——或是通过持股的公司进行追加并购，或是进行全新的投资。最近的并购显示淡马锡的战略发生变化，开始远离金融业，转而看好消费品和新兴的亚洲中产阶级的崛起。例如，收购屈臣氏集团 25%的股份——这是亚洲最大的健康、美容产品零售商；还有就是向翱兰国际(Olam International)发起一项价值 42 亿美元的要约收购，翱兰国际是一家上市公司，业务遍及全球，从事非耐用商品的供应链管理。①

淡马锡最近还在地域上进行多元化发展，如在非洲进行了广泛的投资。2014 年，淡马锡成为第七能源(Seven Energy)的最大股东，该公司是总部位于尼日利亚的油气集团。而仅在不久以前，淡马锡刚刚从伦敦上市公司欧菲尔能源公司(Ophir Energy)手中买到了坦桑尼亚几块天然气田的 20%的股份。2011 年，淡马锡与奥本海默家族(Oppenheimer)的投资工具“E. 奥本海默国际父子公司”共同创立了 TANA 非洲投资公司，在非洲大陆主要进行食品、零售和物流业务的投资。②

尽管如此，淡马锡仍有一多半的投资留在了金融服务和科技、传媒与电信业(见图 8.1)。淡马锡所持有的前十大公司占其总市值的约 60%，其中市值最大的是新加坡电信，占其净资产组合价值的 13%。对中国建设银行的投资占 6%，对星展银行的投资占 5%，这三家公司的市值占淡马锡总值的 25%左右。

---

① *Financial Times* (2014) “Temasek's dealmaking reflects big bets on the rise of the consumer”, April 14。

② *Financial Times* (2014) “Temasek widens its Africa footprint”, April 15。

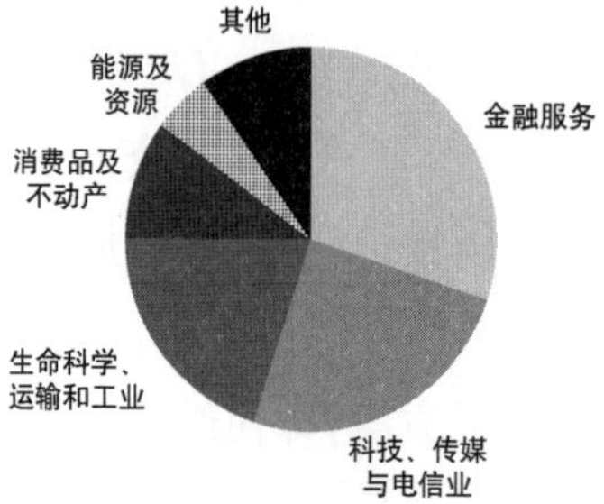

图 8.1 2014 年淡马锡按行业划分的投资组合

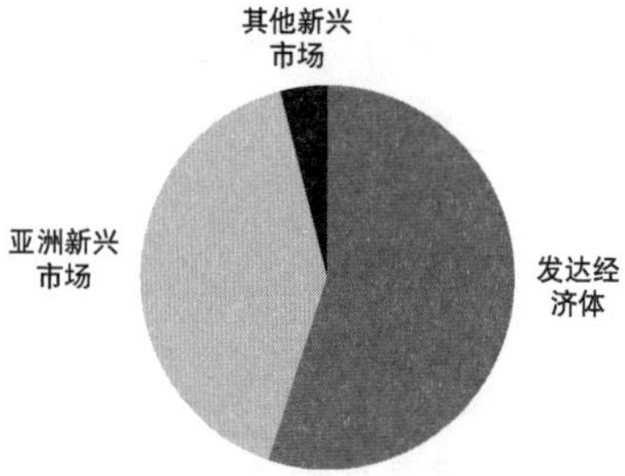

图 8.2 2014 年淡马锡按地域划分的投资组合

这些投资跨越多个国家和地区，大约 55%在发达经济体，例如新加坡、日本、韩国、澳大利亚、新西兰、北美和欧洲(见图 8.2)。在发达经济体里，其对新加坡的资产持有最多，达到 31%；第二名是澳大利亚，占 10%。余下的 45%投资于发展中国家和地区，主要是亚洲国家。中国是其中最大的投资目的国(占 25%)，而拉丁美洲、非洲、中亚和中东仅占投资净现值的 3%。

在 1974 年公司成立之初，这些资产组合市值为 3.5 亿新元，到如今市值为 2 230 亿新元，平均年回报率以美元计为 18%。[①]

即使与私营投资公司相比，淡马锡的投资业绩也令人惊叹。有人批评说，自 1974 年以来，新加坡股市的平均回报率不到 8%，[②]因此淡马锡的良好业绩十分可疑。另一项研究表明，这些回报主要来自当地的垄断企业。[③] 可是如果没有淡马锡的专业监管，这些垄断企业的利润也许早就在低效组织中消失殆尽了。

淡马锡每年向它的唯一股东——政府——支付的红利，成了新加坡政府投资收入的重要组成部分。这部分红利按比例在当代与下一代之间分配——来自过去的储备所产生的红利中，至少一半要留给今后几代新加坡人，而新加坡政府可以在年度预算中使用剩余部分。

① Temasek (2014) *Annual Review*。

② Balding (2014)。

③ Shome (2006)。

当代淡马锡的监管

依据新加坡公司法，政府于 1974 年设立淡马锡公司，使其成为政府通过财政部持有的全资公司。新加坡宪法制定了保护储备（净资产）的框架体系，允许总统行使某些特定权力，包括任命董事长和首席执行官、审核预算以及审批某些特定的交易。总统所做出的这些决策，应首先得到总统顾问委员会的支持，由委员会提交公开透明的建议，再呈交总理和国会。同时还有审核与制衡机制，例如，如国会 2/3 议员同意则可以推翻总统的决定。宪法还赋予总统以最终监管权力，总统可以审计财务报表，并且每年通过一定程序判断淡马锡是否需要过去的政府储备的支持，从而将政府的任何补贴都透明化，[①]这样可以限制各种补贴的规模。

淡马锡公司还明确规定了行政管理系统的授权与问责机制，董事会对于许多事项负全责，如制定长期战略目标、年度预算，年度法定账目审计，重大投资与剥离建议，重大筹资建议，首席执行官任命与继任计划，还包括董事会本身的任何变动。

同时，淡马锡公司的执行委员会需要复核、研究并批准以下相关事项：监督、控制，提供融资和出资的建议，达到一定额度的并购、兼并事项，股东结构变化，分红政策，及其他董事会委托的重大经营决策。淡马锡还设有其他一些特别委员会，包括一个审计委员会、一个领导力发展与薪酬委员会等。[②]

淡马锡控股公司章程明确陈述了公司设立的唯一目标，就是使价值最大化。章程由专业人士起草，规定了公司的投资管理应当致力于创造及最大化股东价值，并通过风险管理框架来平衡风险。该框架应全面涵盖战略、业绩和运营风险，包括利率风险、外汇风险和对手信用风险。公司应使用风险价值统计模型来评估投资组合的市场风险，每月进行压力测试和情景分析，以评估那些发生概率很低但影响巨大的事件，作为风险价值模型的补充。

---

① Temasek (2014) *Annual Review*。

② 同①。

淡马锡公司成立伊始，其基本管理架构内多数都是曾经的政府雇员，管理的公司组合较为中性。随后公司通过20世纪90年代初期的经济开放，逐步提高了专业水准。不限于此，如今的淡马锡已将自己打造成为商业领域内极富魅力的积极参与者。至于它的高级专业人士——如今管理团队40%以上有国际背景，包括2011年在淡马锡退休的执行董事、总裁西蒙·伊斯雷尔（Simon Israel，曾任全球最大的酸奶制造商达能集团亚太区以及美国莎莉集团〔Sara Lee Corp.〕亚洲公司的主席），还有格雷戈里·柯尔（Gregory Curl，曾任美国银行总经理，在淡马锡负责美国和控股金融服务业务）。13名非执行董事中有4人有国际背景，包括瑞典实业家马库斯·瓦伦堡（Marcus Wallenberg）、前世界银行主席罗伯特·佐利克（Robert Zoellick）、荷兰皇家壳牌集团（Royal Dutch Shell）前任首席执行官彼得·傅赛（Peter Voser）。现在淡马锡共有大约490名员工，他们来自29个国家，在全球超过11个城市供职。

作为一个积极参与管理的股东，淡马锡承诺不会介入持股公司的日常管理，并在一份法律文件中明确强调，淡马锡不会承担持股公司的财务风险责任，负责财务风险、业绩表现和风险管理的应当是各个公司的相应董事会。①

淡马锡公司还设立奖金体系，根据个人、团队和整个公司的绩效，对员工进行激励。业绩要跟经过风险调整后的目标额度进行比较，并根据比较结果决定长期激励奖金池内的奖励金额，这一部分奖金在年度现金奖励和中期奖励之外额外发放。

透明化很重要

根据公司法，淡马锡是一家具有豁免权的私营公司，因此，依法无需向新加坡有关公共部门披露财务报表。尽管如此，淡马锡仍决定于2004年起开始在年度报告中发布集团财务摘要并披露投资组合业绩。淡马锡还发布遵守新加坡财务报告准则的合并财务报表，该标准虽与国际财务报表准则（IFRS）有一定差别，但与

① Temasek (2010) $10m MTN Program, February 3。

美国通用会计准则(GAAP)相符。另外，这些财务报表还由国际审计公司进行审计。

由于经营成功、监管有序，淡马锡公司拥有独立于新加坡政府的企业总体信用评级，穆迪目前给它的评级是 Aaa，标准普尔的评级则是 AAA。淡马锡还发布了数份债券说明书，进一步增加了透明度，同时让更多的专业投资者可以详细审核淡马锡的投资，扩大股东来源。

行业典范淡马锡

作为财富基金方面的一个先驱，淡马锡公司凭借着持续 40 多年的杰出财务表现，已经成为许多国家争相模仿的业界典范，这些国家包括马来西亚、越南、阿拉伯联合酋长国，以及欧洲国家(例如芬兰)。

近来，中国官方也公开表示，有意模仿淡马锡公司，成立一家国有的控股公司，改善其对国有股份的管理机制。

学习淡马锡经验，对中国政府的吸引力可能部分在于能够成功进行国际化扩张。批评家会说，管理一个只有 500 万人口的小小岛国，跟管理一个人口众多、达到 13.5 亿人的大国不是一回事。但是，中国现任国家主席习近平也许从传奇的军事战略家——《孙子兵法》的作者——孙子那里得到了启发。孙子曾说过，"斗众如斗寡，形名是也"，意思是管理大部队和小队伍是一回事，关键在于组织。

对中国来说，若能成功模仿淡马锡，将是幸事一件。中国 GDP 的 1/4～1/3 来自国企；而在制造业，约 20%的产出也都来自国企。然而它们的业绩都很差。① 国有企业的资产回报率极低(2013 年大约是 3.7%)，还不及资本成本的一半。如推进结构性改革以对公有资产组合进行机构重组，同时抑制腐败、改善差劲的资产配置，中国其实有很大机会实现进一步的经济腾飞。淡马锡的经验表明，这种整合全部资产组合，交给独立的控股公司进行专业管理，并且把所有政府干预排

① Lardy (2014)。

除在外的做法，正是中国目前所需要的。

在第九章，我们将会详细讨论该怎样在这个方向迈出重要的第一步，让公有资产变得既有专人负责又具透明度。

9

价值货币化：既推进民主又提高收益率

9

Monetizing Value Improves Democracy and Yields

> 在公共财富管理领域，最先进的政府并不包括美国，而是在亚洲，以及欧洲几个有限的国家。驱动因素可能包括这些国家的规模，以及对于这场竞赛的本质的认知。

让一个政客来负责掌管医疗保健系统是件不可思议的事情，甚至由他们指定的人员来管理一家医院，或者决定应该购买哪一款X光设备也令人难以想象。然而，只要公众商业资产的监管权力仍保留在政府手里，比如在一个中央集权的计划经济体系里，政治家和政府官员总是会有进行干涉的嫌疑。而如果政府因为害怕由于"干涉"而遭到指责，转向彻底被动的所有权管理，那些孤儿一样的国企也同样会面临失败。

在本章中，我们将讨论如何使得国有企业的治理透明化，从而创造价值提升，并进而最终促进健全的民主制度。

在任何企业，使经济价值最大化都是最根本的问题，这需要一定的技巧和经验，这些技巧、经验与那些政治角力与妥协所需要的技巧和经验有着很大的不同。因此，正如我们所指出的，企业战略和政治策略是完全不相容的两个世界，这就是为什么政治家很少能成为理想的企业主。政治的关注点是如此的宽泛，绝不仅仅是价值最大化，但有时候，又是如此之窄。往好里说，政府旨在促进更广泛的社会目标。但政治家还有建立联盟的必要，这就可能需要暧昧交往和模糊承诺。而在最坏的情况下，占据了主导地位的往往是各种自私的目的、侍从主义或单纯的缺乏常识。

与此相反，管理者和投资者在商业运作上具有专业知识，热衷于量化的目标，每个人都希望团结一致以确保成功。他们会致力于建立一个连贯的、易于理解的，并可清楚交流的文化，每个人都在确定的框架内积极行事。同样地，证券市场和几乎所有的外部财务利益相关者也都追求实现各种明确定义的量化承诺或目标。

政治性与商业性的能力和文化之间，有条很清楚的分界线，这就在政府拥有的公司内留下一个真空地带。我们认为，只要政府涉足商业资产，这一界线就必须由独立、专业的公共财产监管来衔接。

单单靠政治指令使国企去追求利润最大化，并不能真正达到目的。很多时候，国企本身就占据垄断地位，是全国相关行业的领头羊，或者是那些可以利用自身优势追逐超额利润的受惠企业——甚至不惜损害到国家的利益。在许多新兴经济体的欠发达市场，政府持股差不多被当成是印度神话里的象神迦尼萨，能够摧毁那些坚不可摧的环境障碍，以获得更大的利润。举个例子，自 2005 年以来，中国的国有石油和金融机构已经占到中国股市上市公司的所有经营利润的 3/5 到 4/5。[①]

更多时候，商业资产的公有制类似于一种瘾和一个让人舒服方便的惯例，满足了许多既得利益者。虽然运营公司对公共预算和整体经济来说是个拖累，可政府及其合作者往往倾向于否认这一事实。对他们来说，避免透明度往往是公司的第一要务，因为一旦透明，将使人们从近距离看到真相，了解公有资产的实际状况。

要想破除这个瘾头，可以先问三个问题：这些资产有什么价值？这些资产对纳税人来说有哪些成本？如何利用这些资产来获得更合理的收益率？

---

① *Financial Times* (2014) “Corruption with Chinese characteristics”, August 12。

将积极管理与政治控制相结合

一个希望能对投资组合进行积极管理的所有者，可以聘请专业的“企业监管者”，通过积极促进资产组合的发展，努力创造更高的回报，实现对其投入资本的更有效的利用。“积极的所有者”是指那些像私营部门的专业管理者一样，关注日常运营的业主、企业家和私募股权的专业人士。政府同样可以聘请专业人士来管理其商业资产的投资组合，跟那些养老基金在投资私募债券型基金时类似，他们可以签订“普通合伙人”协议。

主动监管不仅仅是单纯地避免浪费、腐败、既得利益和权贵资本主义的问题。主动治理同样意味着开拓业务，通过具有竞争力的经营战略优化资本结构，来实现价值最大化。对公共财富采取这样的举措，应该本着资产所产生的财务回报应与私营部门相应的资产回报可匹配的目的，以造福所有纳税人。一家公共公司和其私营竞争者之间的收益率差距，说白了，就是纳税人的收入损失。这些损失让既得利益者受益，却由纳税人买单。

随着人口老龄化现象的日益严重，更多关注公共财富的价值增长显得尤其重要。国家需要更加稳健的资产负债表，在资产上获得更好的回报，使他们能够支付作为福利国家所做出的承诺——包括养老、医疗保健和教育等各个方面。

在最理想的状况下，政府充当裁判员，独立于所有参与者，致力于减少垄断利润、改善效率低下、降低终端用户的使用价格、增加投资、提高生产力，并积极鼓励该领域内的充分竞争。一旦直接卷入公共公司，这一立场立刻变得不可调和。只要这些职能角色的扮演者都在同一个政府办公室里办公，他们就会使政府和经济同时受压。

弗朗西斯・福山在他的最新著作中讨论了一个良好有序社会的三个重要基石：一个强大的国家、依法治理和民主问责制。他认为，三者缺一不可。他更多地强调，以上三者的执行次序必须正确。民主并未排在首位。一个强大的国家才是第一位的。一个国家在拥有有效治理的能力之前即推行民主，无不以失败告终。①

怀着同样的信念，我们认为，在执政的过程中，对公共资产的监管如果缺乏基本原则的指引，必将面临失败。最为重要的基本原则包括：

- 透明度：包括透明的资产管理和恰当的会计准则，以及追求公开透明的社会目标。
- 明确的目标：允许将价值最大化作为唯一目标。
- 政治上的独立性：具有独立所有权的载体，可以在与任何政府职能保持一定距离的前提下运营。

这三项原则是相互交织、互为依存的。缺乏透明度和明确目标的政治独立，将制造出一个毫无目标、无法掌控并且无人制衡的庞然大物。而缺乏独立的估值体系和适当的会计准则所带来的透明度，保持一个明确的目标将不具备任何意义上的可能性。

透明度

透明度是必不可少的先决条件。如果没有透明度，就好像没有地图，将无法找到该资产或巩固产品组合，也无法分离出非市场资产。透明度是一个指导性的基本原则，用来衡量和分配责任与义务，从而提升经营效率，开发出更好的资本结构和有竞争力的商业模式。如果没有透明度，既得利益者很容易编造理由维持现状。只要那些关于公共商业资产的相关信息，包括其规模大小、价值和收益率情况，仍被隔离在普通公众视野之外，这些资产就基本失去了被安排在政治议程重要地位的可能性。公共资产的货币化，使得隐藏的公共财富透明化和公开化，也强化了政府的能力，使其既能追求价值最大化，同时也能追求社会目标。

透明度和信息披露制度是任何现代公司治理框架的基本组成部分。它们支持各种关于改进监督质量和效果的举措，具体包括：遵守符合国际标准的会计

① Fukuyama (2014b)。

制度和财务报告制度，接受年度外部审计。所有的类似行为都使得业绩表现暴露在更广阔的公共监督之下，并且与之相应，会产生强大的动力去更有效地改进管理、监督及行使所有权。

以房地产为例，透明化不仅指设立政府地籍，还像比特(Buiter)①、坦齐和普拉卡什(Tanzi & Prakash)②建议的那样采用权责发生制为基础的会计和资产负债表。利用一家控股公司，可以将所有私营部门在处理类似资产问题上相关的工具及框架搭建在其中，就好像给所有房地产类的资产建立一个适当的专业目录一样，同时进行独立的价值评估，并引入会计和法律框架。有了这个制度平台，我们完全可以取消许多公共监管常用的临时解决方案。

公有商业资产投资组合的"透明化"概念还包括：透明地衡量增长幅度(或至少是变化幅度)，以及透明地分配责任。也就是说，要和那些在证券市场上市的公司保持平等的透明度。同样，任何社会目标的追求当然也要保持透明度。当政府想要国企在价值最大化之外追求社会目标时，这些目标必须是透明的，而且不与价值最大化的目标互相混淆和抵触。这意味着国企应该为其所追求的社会目标索取明确的回报，或因其造成的负面影响受到处罚，如垄断定价或增加环境的负担。

实施全面的透明度政策，如瑞典政府的对外报告指导方针，③需责成政府发布一个涵盖所有国有资产，包括房地产资产的综合年度报告。这些财务报表也应该由一个国际认可的审计事务所进行审计。该报告应整合每一单位的国有资产，包括那些尚未公司化的资产，如房地产和其他诸如土地和森林资源等类型的财产。因此，每次的年度报告必须依照法律和公认惯例，为公共投资组合的发展提供清晰的展示，包括每一个主要控股公司，它们各自的商业活动、财务情况和盈利状况等等。一个很好的关于透明度的例子是 Solidium，这是芬兰的国家财富基金，成立于 2008 年。④ 此外，所有相关的补贴也应分开来单独列明。

---

① Buiter (1983)。
② Tanzi et al. (2000)。
③ Swedish Government (2007)。
④ Solidium (2013)。

政府和公共企业之间的现金流也应该是透明的，以确保有效地利用政府资金，并使得资产组合的整体财政风险得到评估。因为我们知道，公共资产的财政影响可能在GDP中占居显著比例，因此其应包括支付股息、补贴或将资本注入到失败的运营中（如与银行或其他实体）等情况。

糟糕的财务风险管理也会影响到私有化的可能性。因为当计划进行私有化的实体承担的债务负担过重时，会导致其价值过于低下，以至于除了给债权人外，根本无法进行私有化。

透明度可以带来迥异的结局。以足球这种商业活动而言，如果不是因为电视和互联网带来的透明度，使每一个球员、每一个俱乐部、每一场比赛的一举一动都受到细化分析，它很可能不会是当下价值数十亿美元的体育产业。

清晰的目标

第二个指导原则是追求一个明确的目标，这意味着全盘接受“价值最大化”作为公共资产组合的唯一目标，并真正将目标落实到位，且围绕它时时沟通和交流。单一的目标对任何一个所有者来说都是重要的前提条件，可将他们的利益与其所有的公司——从董事会、管理层到每一位员工——的利益紧密连接起来。如果目标不明确，结果往往也会不清不楚，公司甚至可能会迷失方向。在《爱丽丝梦游仙境》（*Alice's Adventure in Wonderland*）里，爱丽丝问柴郡猫：“请告诉我，我应该走哪条路？”她只得到了这样的答复：“那关键要看你想去哪儿。”她回答：“我并不太在乎去哪里。”于是猫咪给了一个很合理的回应：“那你走哪条路都无所谓啊！”

但我们知道，“你想要去哪”对企业而言具有非凡的意义。而“谁最先到达那儿”——此外还有“谁以最有效率的方式到达那儿”，可能意义同样或者更为重大。对于公共企业，要回答“去某个地方”这个问题，柴郡猫的回答“只要你走得够远就能到达”就远远不够了。正如我们在前面的章节中所看到的，这不仅是对纳税人钱财的巨大浪费，事实上也给国家财富造成了巨大损失。

在价值最大化的努力中，企业可以选择引入激励机制，来激励所有的员工，正如一些瑞典国有企业所做的(我们在第八章中讨论过)。①

一个明确的目标也是透明化和监督管理的根基。容易量化的目标可以帮助企业监管者精确衡量业绩表现。担负着公共政策目标的商业资产应该公布关于这个目标的清晰描述，并彻底量化实现这一政策所需的成本——无论该成本是经由补贴来予以补偿，或是经由其他一些方式——如《2005年经合组织国有企业监管指南》所建议的方式——来进行核销。②

相对于民营企业，公有机构在某些市场(不单单是金融服务领域)有先天优势。政府有时会有效解决这一问题，就像英国政府曾发布行为准则，称政府不会使用自己在北岩银行(Northern Rock)的所有权地位去争取存款，从而获得不平等的竞争优势。(北岩银行是北岩建屋互助会〔Northern Rock Building Society〕“好银行”业务部分，在全球金融危机初期被国有化。)而在其他案例里，比如美国对友邦集团(AIG)的救助举措，实际上缺乏适当的控制条件。因此竞争对手觉得AIG可以将它的政府所有权作为一种武器，进行不平等竞争。

欧盟为限制国家援助做出了详细、复杂的规定。但在执行期间，遵守这些规定的例子看起来和违背规定的例子似乎一样多，完全由国家的关注点和就业数量的多寡是否影响重大来决定。关于国家援助谈判的确切结果，将取决于每次大环境下的经济得失，当然也少不了政治性的讨价还价。公开、公平的竞争，并由政府充当公正的裁判人(从消费者角度出发)，是每个部门能茁壮成长的基础。此外，任何资产都必须透明地披露它们从所有者处得到的任何支持。

政治独立性

政治独立性是非常必要的，它可以确保一个公平的竞争环境，避免由于国有商业资产和私营公司竞争而导致的市场扭曲。但政治上的独立性有着双向的功能。它同样能保护政客，免于他们陷入企业的烦恼，并远离侍从主义，甚至是贪

① *Financial Times* (1999) “Welcome to the ways of the market”, November 12。

② OECD (2005a)。

污腐败的诱惑。

对国有资产的法律和规章制度的框架建设，应包括将政府所有权职能和其他政治职能明确分离开，特别是在制定市场规则方面，尤其需要这种分隔。这种类型的机构改革在商业目标和非市场导向目标之间画出了清清楚楚的界线，也从运营和组织的角度明确地区分了商业资产和非市场资产。

落实这些分离措施是一个重要、基本的政治决策，因为这两种不同类型的资产需要完全不同的监管方式和管理技能。那些用于执行政府政策的非市场资产，应该像任何一个政府政策一样，在同一个框架下受到监管。这些可以由有相关经验的公务员在政府框架内进行监管。而与此同时，商业资产，顾名思义，应当在类似于私营部门竞争者的市场框架和管理结构内进行监管。

一旦脱离了政治控制，一个商业资产投资组合的管理者就可以采取更专业的方法，促使他们缩小与私营部门的同行之间的业绩表现差距。挑战应在发布的整个投资组合的财务报告中列出。需列明的项目包括：包含全部资产组合的总价值、回报率和主要财务数据，还应包括重要部分的介绍，以公开说明投资组合的特性，以及每项资产所面临的挑战及市场环境。

即使是接受政府补贴的公司，仍然可以进行商业运作，就像火车或公共汽车服务业允许对退休人员实施免费或打折购票的优惠服务，或者向农村或人口稀少地区提供邮政服务一样。但这些应该进行竞争性公开招标程序，以确保成本的有效控制。这方面涉及的重要因素有，应确保形成一个透明而正式的共识，使得各方面都能了解到补贴的性质和成本，而且最好是通过某种形式的公共采购，用竞争的方式连带实现造福社会的目的。

政治上的独立并不总是能通过创建一个形式上独立的控股公司来实现。在大多数国家，有很多非正式的关联与依赖关系，并因此造成了许多问题。以下数个步骤有助于加强政治的独立性。

通过对控股公司进行独立的信用评级，可以拓展债务来源，扩大利益相关者的基数，由于评级考量的是独立的信用风险，这就提供了更高一个层面的政治独立性。大概 1/3 的国家财富基金有自己的信用评级。例如，新加坡的淡马锡评级独立于政府，而在阿布扎比，穆巴达拉（Mubadala）的信用评级则是由政府支持的。这种独立性仍然值得商榷并将持续保持这种状态，直到有一天得到合理的测评。然而，这种获得信用等级的过程仍然为公司提供了很好的考试机会，并给市场提供了十分有价值的信息。同时，为了维持或改善评级进行的任何不懈努力，都将不可避免地进一步加强控股公司的独立性。

将控股公司在证券市场挂牌上市，无疑是拓宽利益相关方基数、增加股票透明度和市场压力的最有力方式。迄今为止，在中国只有中信仍然是上市形态（于香港）。罗马尼亚的国家控股公司——罗马尼亚投资基金（Fondul Proprietatea），于 2011 年上市，其创建目的是补偿其公民在独裁下被没收的财产。不过，政府已经慢慢出售其全部股份，因此现在该公司是完全私有的。在其私有化之前，罗马尼亚政府在管理公共财富领域做出了另一项全新的尝试——将控股公司及其资产组合的管理外包给位于美国的资产管理机构富兰克林邓普顿投资公司（Franklin Templeton）。这无疑是一个通过竞争性的公开程序，将政府的所有权与日常资产管理有效分离开来的好办法。

打破“瘾头”

就像赢得信任那样，政治独立性是很难实现的。这需要自我约束，甚至建立独立的脱离于政治管控的自我形象。而且即使经过很大的努力，一个小小的失误，也会导致公众和利益相关者完全丧失信心，不相信政府及其代表们真正已经放弃了短期的政治干预。

无论是发达国家还是新兴经济体，都必须戒除拥有庞大公有资产所有权的“瘾头”。西方发达国家则更需要改变，因为它们正走向破产，所以不能忽视资产负债表上闲置的资源。而新兴世界的经济体需要重新评估它们对公共资产的看法，以促进经济增长，就像米克勒斯维特（Micklethwait）和伍德里奇（Wooldridge）最近的一本书《第四次革命：全球化竞赛重塑国家》（*The Fourth Revolution: The Global Race to Reinvent the State*）[①]中所提及的一样。“聪明政府”的时代

① Micklethwait and Wooldridge (2014)。

已经开始,而西方似乎在这场比赛中被抛在后面。在管理公共财富领域,最先进的政府并不包括美国,而是在亚洲,以及欧洲几个有限的国家。驱动因素可能包括这些国家的规模,以及对于这场竞赛的本质的认知。

将公共资产转交由专业化管理团队打理,代表着做出了一个积极的决定。而这一决定往往由危机触发,经过痛苦的觉醒,才能动员起足够可观的政治意愿,做好迎战那些资产的既得利益者们的准备。在讨论利益集团对经济增长和民主政治的恶劣影响时,经济学家曼瑟·奥尔森(Mancur Olson)指出,需要一场战争或革命,才能阻止既得利益者们非生产性的、昂贵的寻租行为。[①]

这也许是为什么,当撒切尔政府在1979年为应对20世纪70年代以来漫长的英国危机而采取改革时,它被视为那个时代无可争议的冠军——“撒切尔主义”这一说法也因此而来。得益于发生在20世纪80年代和90年代的结构性改革和私有化的巨大浪潮,英国无可置疑地重振了经济,获得了很大成功。但是,英国的成功不能忽视其他重要因素:一个强大的国家,市场(包括金融市场)仍然有效发挥功能,社会已经发达到一定规模,足以消化吸收如此大规模的转变。

我们认为,即使是像英国一样的发达经济体,也可以从更加透明化的机构建设以及将所有权与政府监管进一步清晰分离的行为中受益匪浅。独立的机构如果再建立明确目标,可以帮助大家把注意力集中于产出上面,如实际提供的服务和产品。

鉴于大部分财富是由地方政府所有,国家既可以将公共商业资产注入中央政府一级的国家财富基金中,也可以注入独立的控股公司,或地方政府层级的“本地化”财富基金中,这些方案都将带来不少好处和利益。

在亚洲,国有控股公司往往是国家资本主义的工具——某种程度上和老东印度公司有异曲同工之处——它们是热情的全球化者,热衷在国外冒险,部分源于其赚钱机构的本质,另一部分则源于其可以作为本国政府的半官方代理。许多这种公司不仅热衷于让它们的政府提供软贷款和外交支援,而且希望政府提

① Olson (1982)。

供基础设施建设诸如公路、医院和学校，以换取可以源源不断获得原材料的保证。[①]

在欧洲，奥地利和芬兰的国家财富基金采纳了专业控股公司模式，这种做法有一定的防御目的，希望它们的资产组合能在更好的载体中持续发展，以防止重要的国家资产被外国机构或权贵资本主义接管。

在第十至第十三章，我们将近距离观察当下的国家财富管理基金是如何操作的，以及它们在更多国家是如何运作的。

① *The Economist* (2011) “The East India Company: the company that ruled the waves”, December 17。

10

向国家财富基金转型之路

10

The Transition to National Wealth Funds

> 设立国家财富基金，能有效运用各类在私营行业中比较适用的管理手段。但对大多数政府来说，通向这一目标的道路不仅并不平坦，而且充满了挑战，政治考量和经济利益之间的取舍也层出不穷。

从历史沿革来看，由于公有资产的属性或来历各不相同，各个国家在管理方式上也存在着各自为政的现象。比较典型的例子有，像铁路、电信或其他类似资产，往往由交通部、电信部管理，而电力资产则归能源部管理，以此类推。在中央计划经济或市场经济条件下，当特定行业的管理权和国有垄断资产的所有权隶属于同一部门的时候，自然而然会形成这样的组织结构。

要想对这种监管结构进行调整，将监管职责外包给独立的组织架构，可以设立一个独立运营、保持政治独立性的控股公司——国家财富基金，这样就能有效运用各类在私营行业中比较适用的管理手段。但对大多数政府来说，通向这一目标的道路不仅并不平坦，而且充满了挑战，政治考量和经济利益之间的取舍也层出不穷。

我们可以这样定义一个国家财富基金：不受政府短期政治影响的封闭管理的控股公司。地区、城市一级的财富基金则分别在区级和地方层级运行（见图10.1）。

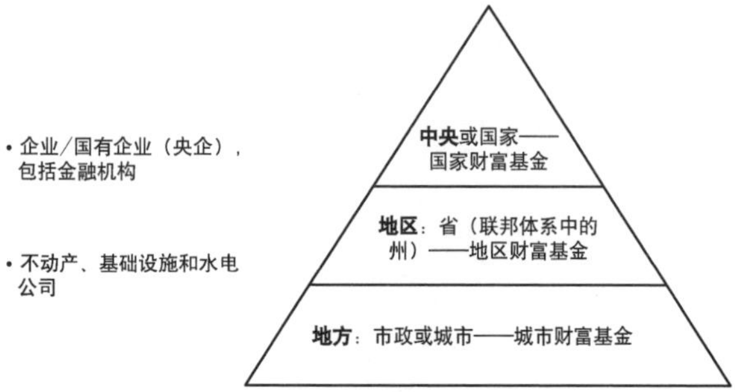

图 10.1　财富基金图示

这些基金的成立是为了满足运营要求，正如比特(Buiter，1983)、坦齐和普拉卡什(Tanzi & Prakash，2000)指出的那样，应该提高对这些资产的管理效率。在法律框架内，所有私营部门的商业资产都应遵守国家资产登记/地籍登记和国际财务报表准则，以体现资产组合的市场价值，从而判断每项资产的备选用途，实现有效管理。

首先，我们来看看公有资产通常是如何被监管的。在此基础上，我们再详细讨论国家财富基金的转型之路。

传统的分散监管模式

分散管理是将政府各个部门的管理职能和对相应行业的国企的监管职能放在一起，这种做法由来已久。对商业资产的监管行为缺乏财务方面的考核，部分原因是这些资产没有被视为商业资产。企业监管和国有商业资产的所有权管理应该按照传统定义那样理解：企业的融资来源方可以预期他们的投资能够得到合理回报。[①] 近来这一定义更加广泛，就像全球企业监管论坛(Global Corporate Governance Forum)提到的那样：企业监管就是指导和控制公司的架构和过程。企业监管应当关心的是管理层、董事会、控股股东、小股东和其他利益相关者之间的关系，这是 1992 年英国卡德伯利准则(UK Cadbury Code)对定义的修订。[②]

---

① Shleifer and Vishny (1997)。
② Cadbury Report (1992)。

随着放松监管潮流的出现，公共资产的商业属性变得越来越突出，却也暴露出各种内在冲突。政府部门自己设定监管规则，把两个相互矛盾的目标（例如监管权和所有权）放在同一屋檐下，就好比在一个司法体系里，让首席法官和警察局长由同一个政府机构进行管理；或者在一场球赛中，裁判员同时又兼任某一方球队的球员。在一个自相矛盾、叠床架屋的法律体系中，这种利益冲突会导致不透明的监管真空地带，使既得利益集团趁虚而入。

目前除了乌克兰、希腊等有限的几个经济体外，西方国家基本上已经抛弃了这种完全分散的管理模式。

诸如互联网、移动电话、物流等行业的科技发展，以及日益国际化的全球经济，使得很多业务模式变得陈旧过时。要想提高运营和财务绩效，需要重组架构，其中涉及的风险，可能在私有化后由私营部门来管理会更好。但在目前这种环境下，政府拥有商业资产令其喜忧参半。不管政府在公司里持股是多还是少，只要出了问题，大家都会认为这是一家政府拥有的企业。负责商业资产的政客迟早会陷入进退两难的境地。总有一天，我们要做出一个艰难的决定：是增加就业和提高员工薪水，还是让公司利润与价值最大化。政客通常可能会选择回避在这样残酷的商业环境中做出决策，如面临关闭工厂或减少员工这种局面时，任何决策都可能影响到他们的公共形象。

为了满足国际投资者和资本市场日渐增长的需求，有些时候会采用双重管理体系作为权宜之计——财政部作为伙伴部门，跟原来的主管部门合作管理。财政部会特别关注财务和财政监督，就像公共首席财务官一样。这种做法是向国有资产管理机构架构现代化的方向迈出的重要一步，引入了更侧重财务的做法，包括设立价值最大化为单一目标，因此具有更好的监管职能。

正如世界银行在评估国家风险架构中提到的那样，政府能不能评估与商业资产所有权相关的财政风险，这一点至关重要。[①] 这些风险包括：为解决流动性或偿付问题而产生的预算外财政支出，或虽有预算盈余但因不足以发放已承诺的股利而去垫资。此外，政府还应掌握债务水平和对外担保的程度。这个金额累

① Verhoeven et al. (2008)。

积起来可能会十分庞大，例如中国的国有企业和地方政府的大量借款，使得2014年中中国债务与GDP之比猛增到251%，该比例在金融危机前仅为147%。①

财政部是金融和财政管理的最终责任人。因此主管的职能部门应该和财政部分享有关的信息。不过，双重管理体系从来就不可能是完美的。由于不愿意明确划分责任和权力，利益集团往往趁虚而入，控制了整个价值链。就像谚语说的：鹬蚌相争，渔翁得利。

即使成立一个专门的政府私有化机构，表面上管理私有化后的资产，情况依然没有改善。就像发生在希腊和乌克兰的情况一样，这种机构也许可以成为企业内部的财务顾问。但由于所有权没有依法转移，这不过是又增加了一层政府监督，使本来就充斥的利益冲突雪上加霜。这样的做法也不是一个集中管理的办法，无法清晰地将问责制度分配给企业、董事会、董事长和首席执行官。

每当政府和/或好意的总理试图彻底整合公有资产组合，使之归属于一个单位，而又不幸失败时，主要原因总是归咎于说服主管部门交出公有资产所有权存在太多难度。而在拥有强势政府、不太依靠特殊利益群体的国家，一旦出现某种危机，或是在任命部长时附带了交出商业资产的条件，就会存在转移资产所有权的机会。不过，一旦通过了任命，政府领导人再想实现资产整合就没有谈判的筹码了。

正如第八章讨论的那样，瑞典的一体化得以实现，依赖于把几个持有大量商业资产的部门合并为一个超级部门，并在1998年大选之前就得到了社会民主党高层的同意。与此对照的，在芬兰，一个类似的整合国企的举措经过了政客们长达五年的深思熟虑和多次国会报告，才得以实现。其他国家甚至根本就没有考虑进行类似的转变——直至金融危机爆发，需要立刻改善国有资源的利用效率。

一体化模式：朝着控股公司迈进

尽管存在各种挑战，很多国家还是按经合组织所建议的，逐渐朝着将整合所

---

① *Financial Times* (2014) “China slowdown threatens timetable for financial reform”, September 28。

有权管理和国企财务监督交给单一所有者/管理人实体的这一方向迈进。[1]

按这种方式成立的机构，可以是一个政府的单独实体，也可以是独立、封闭的控股公司，与政府保持一定的距离，即国家财富基金。迄今为止，这些国家财富基金主要管理中央一级政府持有的企业性资产。也有一些国家如奥地利，把政府持有的一部分不动产资产的监管职能整合起来，移交给独立的持股公司 Bundesimmobiliengesellschaft。另一方面，瑞典和一些国家则倾向于分散管理，设立了几家专业不动产公司，如瓦萨克罗南房地产集团负责写字楼和商业资产，杰恩哈申负责铁路相关资产，瑞典大学房地产公司负责与大学和高等教育相关的资产。

针对其他政府资产临时转型的情况，成立控股公司已成为优先考虑的方法。当面临金融危机的时候，绝大多数政府都认识到将其商业资产的管理权交给私营持股公司的好处——充分实现资产价值，并从中获取收益。

坏账银行（把不良资产从境况不佳的银行或者银行体系中剥离）的概念就是这样一个例证——这一做法的初次运用是为了应对 20 世纪 70 年代末期及 80 年代美国爆发的储蓄贷款危机（详见第三章），此后几十年里在欧洲和亚洲也得到应用。几个大规模的公共资产重组和私有化改革项目，也都应用了独立控股公司模型，包括德国统一后成立了国有资产托管局（Treuhandanstalt），负责前东德庞大的国有资产组合的私有化进程。

在 1933 年的大萧条期间，意大利政府成立了控股公司 IRI，兼具坏账银行和经济发展职能。但在二战后的经济重建过程中，由于缺乏政治独立性，该机构很快成了国家干预和国家资本主义的工具，变成了全世界最大的企业集团。最终这家控股公司解散了，所持有的资产也被私有化。如今，由经济财政部通过意大利金融公司 Cassa Depositi e Prestiti 控股的意大利国家技术投资公司 Fintecna，仍管理着 IRI 持有的数个资产，例如 Fincantieri 船厂，Fintecna 还肩负着支持政府私有化和重组的任务。

在不那么动荡的年代，政客往往倾向于将实体企业保持在政府内部，而不愿

---

① OECD (2005a)。

意将控制权移交给外部的独立控股公司。部分原因是，他们希望通过任命裙带关系者为公司董事，从而享有创建或维持同盟的能力。在私营企业也同样如此，著名的例子就是首席执行官迈克尔·艾斯纳（Michael Eisner，任职于1984—2005年）主政期间的迪士尼董事会，成员包括他的孩子们所在学校的前校长，还有他的别墅设计师。

另一个常见的反对整合资产的观点，在我们看来，是一种深深扎根于文化里的恐惧——反对将太多经济权力交给单一组织或个人。与之相反的例子是，许多国家在将权力集中的时候，都打着国防、警察和司法系统或独立的中央银行的幌子。

在那些中央政府比较弱势，而裙带资本主义盛行的国家里，要将国有商业资产交给单一控股公司由单一首席执行官管理，同样存在着担心。这担心来自于商业资产可能会落入地方寡头的掌控或干脆流失到国外。然而，如果资产分散管理，缺乏透明度和现代化监管，落入各种寡头力量控制的可能性则会更高。例如，由于管理分散、业务不透明，在很多缺乏对商业不动产进行专业管理所必须的会计体系和中央登记系统的国家，国有不动产呈现出"不翼而飞"的倾向。

不仅如此，整合资产、设立清晰的目标、要求更高的透明度，这些举措恰恰是强化中央政府社会影响力的最为关键和必要的环节，会面临反方向的强大阻力。利益集团肯定不会放弃抗争，拱手交出权力和利润。

设立政府实体的模式

如果资产是由政府内部的一个单独实体来进行管理，资产整合就能够更好地改善政府管理资产的能力。而这会进一步提高透明化水平。这种做法可以是在财政部或工业部设立一个单独的部门，类似瑞典、挪威和英国政府采用的方式。另一种做法是，设立一个单独的部门或部委，直接向总理办公室报告，芬兰和中国采用这种方式。

归根到底，政府官僚体系内的商业资产是永远无法充分得到发展的，这是因为商业与政治之间存在诸多相互冲突、不可调和的目标性分歧。政府资产应与私营资产一视同仁，在同样的法律体系和市场条件下运作。只有这样，公有资产才能与私营资产在更加平等的条件下竞争。如前文所述，在信息充分、激励手段得当且商业决策正确的基础上，把不动产资产交给私营机构管理，能够让政府所持有的商业资产价值创造出最大的功效。

一份明确的商业委任书和一个专业的所有权管理机构，有助于让公共商业资产的管理更具备政治独立性。历史上，在许多记录完整的案例中，公有公司的董事会通常比较弱势，政治力量介入日常管理是大家心照不宣的规矩，而绝非偶然现象。①

从文化和组织架构角度看，绝对不应低估政治和商业之间的差异。政治体系是从上而下的，国会或政府下达命令，再由官僚机构执行。政府部长独揽大权，部门内部的其他人等都是辅助人员。而成功的商业判断，是依赖于下放权力和明确的问责制度，才能达到快速反应的目的。在商业世界和有既定产品的成熟市场中，销售人员才是一线人员，而不是CEO们。整个组织都要支持销售行为。这两种模式不可避免地会发生激烈冲突。

最后还有一点，政府能否按照市场价格向必要的部门和专业的管理团队付酬，制约着一个完全专业化的所有权实体的发展，尤其当这个实体局限在政府部门以内的时候。内在的法律约束也使得政府机构无法对管理其商业资产的行为承担全部的商业责任。

国家财富基金模式

把国有商业资产交给独立、封闭的控股公司，使其远离短期政治的干扰，进行专业化管理，会带来战略和财务方面的专业技能优势，同时给国家带来经济上的好处。

不过通常情况下，对公有资产实行专业化管理会遇到重重阻力。举个运动方面的例子，这种对专业精神的阻挠跟历史上对专业竞技的抵触很像。上层社

① Assemblée Nationale(国民议会，2003)。

会一直觉得业余竞技才是理想的运动状态。但随着20世纪专业运动团队的大力发展和公众的热情接受，这种理想状态被不断侵蚀。最后到了21世纪初，甚至连奥运会也接纳了越来越多的专业运动队伍。历史上，主导运动行业的中层和上层人士为了私利，阻碍专业化运动的发展——因为这会使工人阶层无法在竞技中取得成功。对于工人阶层的男人们(也有一些女人们)来说，他们通常每周要工作六天，周日又出于宗教原因必须休息，基本没时间训练。今天的专业运动俱乐部和锦标赛已经把运动水平带到了一个全新的高度，形成了不少全新的行业，让不计其数的年轻人拥有了从前做梦也想不到的投身运动及其周边行业的可能性。

国家财富基金广泛使用各种私营行业通行的管理工具及组织框架，让政府可以从营业收入、负债的角度，把商业资产组合作为一个整体来考量，而不受公有部门官僚机构的限制。对资产进行整合，并交由私营机构管理，使政府可以像私营机构那样，制定战略决策来处置那些带来亏损的资产，而以业绩表现的提升作为优先考虑对象，也为融资和选择处置资产的最佳环境提供了更多机会。

让政府通过官僚机构之外的机构来监管公有资产，其实并不是一个全新的理念。全世界第一家寻求外部资源或外包公有资产监管职责的公司，可能是法国发展银行(CDC, Caisse des Dépôts et Consignations, the Deposits and Consignments Fund)，其成立于1816年，用于重建拿破仑战争之后的公共信心。直至今日，该公司的首要任务一直是通过长期投资来促进法国的经济发展，管理储蓄金和养老金，并为公益住房、教育和社会保险提供融资。

美国也有个比较早期的例子，就是大萧条时期的复兴金融公司(RFC, Reconstruction Finance Corporation)，其成立于1933年，目标是提升国民信心，并在大萧条期间帮助银行重新开始贷款业务。它模仿了第一次世界大战期间成立的战时金融公司(WFC, War Finance Corporation，建立该公司是为了向基础工业企业和银行提供财政支持，服务于美国一战期间的各项活动)。第二次世界大战以后，欧洲各国政府都设立了特殊实体管理国有资产和/或实现经济发展目标。早期的例子包括成立于1948年的德国的相关发展机构 KfW(以前的德国复兴银行，KfW Bankengruppen)。

经理们面对各种类型的资产，通常会发生几种特定的问题，如资本市场效率低下，无法支持重要的经济部门如中小企业（SMEs）或处于疲软状态下的银行业。各类资产的功能、类型和目标各不相同，进行准确分类十分困难，但为了描述国家财富基金面对的外部经济环境，我们划分了四大领域，简要定义如下：

- 经济发展类：这一类别包括给国有经济提供流动性的发展银行及类似机构，为那些对国家经济和社会发展有重要意义的项目或公司提供长期贷款和投资。这类机构往往最终演变成巨额国内资产的所有者，通常重点关注中小型企业，促进出口行业或其他有潜力的行业的发展，就像法国的战略投资基金(FSI, Fonds Stratégique d'Investissement)那样。这些机构有时也在市政融资中扮演角色，例如德国的 KfW、意大利的 CDP、俄罗斯的 VEB、法国的 Bpifrance(公共投资银行，2013 年兼并了 Oséo、CDC 企业和 FSI)。
- 不良资产类：金融危机之后数年，陆续成立了不少机构，目标是持有各个行业的不良资产——主要是来自银行业。在美国，20 世纪 30 年代大萧条期间成立了复兴金融公司 RFC，80 年代的储蓄贷款危机(前文有过讨论)之后又成立了重组信托公司(RTC，Resolution Trust Corporation)，最近则是在 2008 年全球金融危机期间设立了"问题资产救助计划"(the Trouble Asset Relief Program)。在欧洲，意大利在大萧条期间设立了意大利工业复兴署(IRI)，瑞典在 20 世纪 90 年代金融危机之后于 1992 年设立了瑞典赛克拉姆资产管理公司(Securum)，马来西亚在 1997 年亚洲金融危机之后设立了马来西亚国营资产管理公司(Danaharta)。最近的例子包括，爱尔兰于 2009 年成立了国有资产管理局(the National Asset Management Agency)，英国于 2008 年成立了英国金融投资公司(UK Financial Investments)，希腊于 2010 年成立了希腊金融稳定基金(Hellenic Financial Stability Fund)，斯洛文尼亚于 2013 年设立了银行资产管理公司(the Bank Assets Management Company)。这些实体的建立都是为了应对全球性金融危机。

- 私有化类：有些机构设立的目标主要就是将国有资产私有化，为公共管理瘦身。最激进的例子之一就是德国的国有资产托管局，设立目标就是在 1990 年德国统一之后，将东德的国有资产私有化。其他一些机构则提供集中的企业融资服务，同时也提供重组和私有化方面的专家意见。这些机构通常不会获得资产所有权，而是主要扮演监管角色，重点关注即将私有化的资产，很少考虑组合中的资产该如何开发。例如英国的国有股东事务管理局（the Shareholder Executive），希腊的希腊共和国资产发展基金（the Hellenic Republic Asset Development Fund）以及乌克兰的国有资产基金（the State Property Fund）。意大利设立的国家技术投资公司，是为了管理 IRI 最后一部分资产，委任责任更广一些，但其最终目标仍是私有化或清盘。
- 财富管理类：财富管理外包给外部机构的情况可以分成两大类——流动性管理，即管理现金资产；以及可运营型政府资产的管理，例如不动产和企业。

传统上对于流动性储备资金的管理（着眼于特定实体，在风险和政府预算盈余的回报之间寻求平衡）已有着超过一个世纪的历史。而主权财富基金这个词汇是 2005 年才发明的。[①] 但尽管如此，作为我们现在所知的主权财富基金的先例，是 19 世纪中期美国的一些州政府为特定的公共服务而设立的基金。[②] 而第一家由国家设立的主权财富基金成立于 1953 年，是科威特政府为其丰厚的石油收入设立的科威特投资管理局（Kuwait Investment Authority）。自 2000 年以来，主权财富基金的数量迅速增加，2014 年其合并市值几乎达到 7 万亿美元。[③]

国家财富基金和主权财富基金的概念区别，跟私募基金与对冲基金的区别有些类似。私募基金的投资策略，通常是长期持有，多年投资，所涉项目规模巨

---

① Rozanov (2005)。

② Nicolas et al. (2014)。

③ 可参见主权财富基金研究所网站：www. swfinstitute. org。

大，或者是其他不易变现的有形资产。针对这类投资，基金经理会对公司的运营和资产的发展或资产管理进行积极的管控，以追求更多的长期回报。对冲基金则具有另外的特点，它通常关注的是短期或中期的流动证券，可快速变现，对于投资对象的业务或资产通常并没有直接控制。淡马锡是一个国家财富基金的范例，而管理着新加坡流动性储备的新加坡政府投资公司则明显是一个主权财富基金的范例。

主权财富基金与国家财富基金

主权财富基金本质上是一个基金管理人，关注于储备流动性的管理，通常投资于各大成熟市场内的证券。主权财富基金的投资理念，是通过持续的证券交易，优化组合，在风险和收益之间取得平衡。新加坡政府投资公司就是一例。

国家财富基金的角色类似于资产管理人，关注其组合内运营资产的积极管理。目的是通过对个体资产的积极管理，包括发展、重组和货币化，实现组合价值的最大化。淡马锡就是一例。

表 10.1 显示了国家财富基金的多样性。不过我们不准备给出完整的清单，有些例子被忽略或是特地排除在外了。在公有领域，其实也有一些类似私募基金的机构，比如英国的英联邦开发公司（Commonwealth Development Corporation）。我们排除了这个例子，是因为该机构的特征是促进海外援助，而不是国内资产管理。还有一些曾经的国营经济部门的代理机构，后来并入了私营部门。比如英国的工商金融公司（Industrial and Commercial Finance Corporation），后发展成集团，成为最大的一家不封闭的上市私募基金。根据穆萨基奥等人 2015 年的文章，在秘鲁、智利和玻利维亚这三个南美国家，存在为政府管理多元商业国有企业的控股公司。但只有秘鲁的 FONAFE 公司可以被定义为封闭的、不受短期政治影响的控股公司。我们希望，以下例子可以

提供一个合理的、跨行业的展示，介绍此类机构的不同风格与功能。

表 10.1 国家财富基金

名称	国家	业务运营	成立日期	资产（十亿美元）	板块
欧洲				52	
奥地利工业股份集团（Österreichische Industrieholding）	奥地利	控股公司和私有化工具。可追溯到 1946 年，目的是保护奥地利工业不会被苏联占领军掠走。没有信用评级。	1967	7	能源、电信、邮政、矿业、钢铁及其他
Solidium	芬兰	针对涉及国家利益的上市公司的控股公司。在资本市场上筹资，但是没有信用评级。	2008	11	不动产、林业、电信、钢铁及其他
匈牙利国有资产管理公司（The Hungarian National Asset Management Inc.）	匈牙利	针对中央政府持有资产的控股公司。此前的私有化职能已改为长期监督职能。没有信用评级。	1991	3	交通/基础设施、电力、水力设施、邮政、农业、彩票
葡萄牙国有资产管理局（Parpública）	葡萄牙	针对有限数目的资产的控股公司。受托管理、重组即将私有化的资产，并就国家直接持股的公有资产给财政部提供建议。穆迪长期评级是 Ba3。	2000	18	不动产、建筑、供水、交通（机场、航空公司）、农业/林业、能源
Rostec 公司	俄罗斯	通过 13 家子公司对 600 多个实体进行控股的控股公司，子公司中 8 家在国防领域，5 家在民用领域，包括无处不在的步枪生产厂卡拉什尼科夫（Kalishnikov）。没有信用评级。	2007	无	汽车、航空航天、军械、电子、电信、医疗科技等

续表

名称	国家	业务运营	成立日期	资产（十亿美元）	板块
SEPI	西班牙	控股公司，用来重组曾由国家工业联合会（Instituto Nacional de Industria）和国家石油公司（Instituto Nacional de Hidrocarburos）持有的资产，包括 19 家控股企业与 7 家非控股企业，以及间接持股的约 100 家其他公司资产。没有信用评级。	1995	13	交通、采矿、国防、能源、食品、金融
美洲				**24**	
FONAFE	秘鲁	国有控股公司，对几家银行和国有企业履行股东、管理者和私有化/清盘职能。仍在管理恢复中的银行资产。没有信用评级。	1999	24	电力、金融、石油/天然气、基础设施、污水处理、其他
东亚				**764**	
中信（CITIC）	中国	潜在的国有控股上市公司。建立之初是为了把国际技术和商业带入中国。穆迪和标普的评级分别是 Ba2 和 BB。	1979	48	不动产、建筑、金融服务、能源、资源、IT 等等
中央汇金投资有限公司（Central Huijin Investment）	中国	中国投资有限责任公司（CIC）这家主权财富基金全资持有的国有控股公司，与财政部共同管理主要的国有银行和其他金融机构。没有信用评级。	2002	397	金融机构
上海国际集团（SIG，Shanghai International Group）	中国	市政级控股公司，有三项主要职能：投资控股、资本运作、国有资产管理。没有信用评级。	2000	22	金融、基础设施、不动产、酒店业等等

续表

名称	国家	业务运营	成立日期	资产（十亿美元）	板块
Samruk-Kazyna	哈萨克斯坦	管理国有发展机构、公司和其他法律实体的控股公司。惠誉和标普的评级都是 BBB+。	2008	78	石油/天然气、金融、能源、冶金、化工、基础设施
国库控股公司（Khazanah Nasional）	马来西亚	管理约 50 家马来西亚或海外的商业资产，向财政部报告。穆迪长期评级为 A3。	1965	41	金融、电信、水电、通信服务、IT、交通
淡马锡	新加坡	控股公司，为管理国内的国有商业资产而设立，如今国内资产只占 30%，其他都是海外资产。标普和穆迪的长期评级分别是 AAA 和 Aaa。	1974	177	金融服务、电信、媒体/科技、交通、工业、生命科学、消费品和不动产、能源、资源
国家资本投资公司（SCIC，State Capital Investment Corporation）	越南	管理超过 500 家企业的控股公司，行使政府私有化职能。没有信用评级。	2005	1	金融服务、能源、制造业、电信、交通、消费品、保健、IT
中东、北非				**232**	
穆巴达拉发展公司（Mubadala）	阿布扎比	为促进经济多元化发展而成立的控股公司——通过对持有股份和项目的积极管理。穆迪、惠誉和标普的评级分别为 Aa3/AA/AA。	2002	61	能源、航空航天、不动产、保健、科技、其他
国有投资公司（Senaat）	阿布扎比	聚焦于资本密集型资产的控股公司。前称通用控股公司（General Holding Company）。没有信用评级。	1979	7	金属、石油/天然气服务、建筑/材料、食品/饮料制造

续表

名称	国家	业务运营	成立日期	资产（十亿美元）	板块
巴林控股公司(Mumtalakat)	巴林	面向非天然气部门的控股公司，目的是为了创建一个均衡且跨资产类别和地域的多样化投资组合。惠誉和标普的评级都是BBB。	2006	11	金融、电信、不动产、旅游、交通、航空、食品加工
迪拜投资公司(Investment Corporation of Dubai)	迪拜	管理系列国有商业公司的控股公司，包括阿联酋航空(Emirates Airline)、阿联酋国家石油公司(ENOC)、迪拜证交所(Borse Dubai)、埃玛尔地产(Emaar Properties)等。没有信用评级。	2006	70	金融、交通、能源、工业、不动产
迪拜世界集团(Dubai World)	迪拜	为将迪拜建成全球贸易和商业中心而成立的控股公司。持有迪拜港(Dubai Ports)、造船公司迪拜干船坞世界(Drydocks World)和Istithmar World投资公司。没有信用评级。	2003	10	海运、工业、不动产、娱乐及其他
迪拜控股公司(Dubai Holding)	迪拜	控股公司，用于加强对大型基础设施和投资项目的管理。此前的惠誉和穆迪长期信用评级分别为B和B1，但2014年之后不再评级。	2004	31	电信、不动产、金融服务、酒店业、保健、能源等
卡塔尔迪阿房地产公司(Qatari Diar)	卡塔尔	卡塔尔投资管理局持有的控股公司，旗下有本地和海外资产。穆迪和标普的长期信用评级分别是Aa2和AA。	2005	42	不动产、基础设施

到目前为止，我们找到了16个国家的21只国家财富基金，总值约1.1万亿

美元。从市值上看，这仅仅是中央一级政府持有的公共商业资产的一小部分（约2%），占全部公有资产的比例就更小了。如图10.2所示，90%以上的现有的国家财富基金都属于亚洲，主要位于中东、北非和东亚；从市值上看，仅有7%的基金属于欧洲和美洲。特别需要指出一个现象，就是在经济合作与发展组织的34个国家里面，仅有5个国家用国家财富基金的形式来管理商业资产，并且全都在欧洲，无一在美国或加拿大。南美的秘鲁正在考虑设立的一家控股公司，可以被视为国家财富基金。

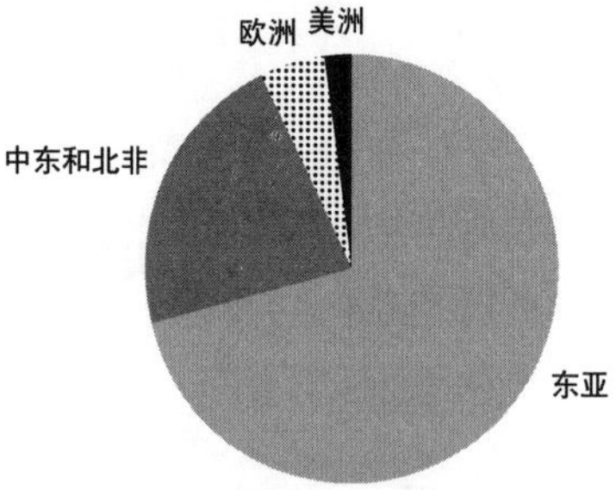

图10.2 国家财富基金的地理分布（以市值计）

只有亚洲拥有与国家财富基金类似的地方一级的“城市财富基金”——上海国际集团。上海可能是第一个为持有的商业资产设立独立控股公司的城市。全球很多城市都有公共公司，从事例如水务公用事业活动等，但一般来说，都没有追求政治独立性和业务透明化的雄心壮志。它们之所以被设置成独立实体，目的只是出于税务管理方面的考量。

中国的中信公司是个特例，它是唯一一家拥有国家财富基金潜质，又在证券市场上市的实体，并且还拥有国际债务评级。以前，罗马尼亚曾经将其国家财富基金上市，后来则完全私有化了。另一方面，奥地利的ÖIAG和芬兰的Solidium在独立性方面相对突出，设有独立的监事会和管理部门。[①] 而关于Solidium，曾有批评意见认为其商业决定受到政治考虑的影响。事实上，芬兰的一些政治党派试图努力控制Solidium，以至于芬兰总理亚历山大·斯图布（Alexander Stubb）曾如是说：

> 我认为政客们最好不要染指Solidium。干涉一家意在保护芬兰战略所有权、增加利润的公司毫无意义，而政客们却还是以各种方式卷入其中。[②]

---

① Wicaksono (2009)。

② “Stubb: Hands off Solidium”, January 25, 2014, http://yle.fi/uutiset/stubb_hands_off_solidium/7052254。

政府把所持商业资产的管理权外包给资产管理机构，是为了应用私营机构的各种管理工具和激励体系，从而实现类似于私营机构的收益，同时又不必放弃控制权。因此，国家财富基金借鉴了控股公司的模式，成为优先选择的组织机构结构。

绝大多数现存的国家财富基金都或多或少地将“价值最大化”作为它们的主要目标。大约 1/3 的国家财富基金从三家主要的评级机构中的任一家获得了信用评级，以其资产负债表为背书实施借贷行为——尽管绝大多数国家财富基金都或明或暗地得到了政府的担保。几乎没有一家企业像淡马锡和新加坡政府那样，明确强调其债务发行是独立的。

除了 Solidium、ÖIAG——某种程度上，淡马锡也算是一个——只有很少几家国家财富基金能够达到一定程度的公开透明，例如会发布统一的年度报告。

不同于 Solidium 和 ÖIAG，以及某种程度上的淡马锡和中信集团 CITIC（唯一一家上市的国家财富基金），绝大多数国家财富基金没有做出进一步努力，来强化政治独立性，例如设立透明化、专业化的董事会提名程序，而是设立了控股公司后就止步不前了。

由于大部分的公共资产还深藏在水面以下，如果国家设立国家财富基金，把中央政府持有的商业资产，包括不动产等都纳入其中，这些资产将在更为商业化的环境中获得更加广阔的经济发展潜力。举例来说，如果美国仅把联邦政府持有的商业资产纳入一家国家财富基金管理，以市值计算，其规模就比全世界其他国家所有的主权财富基金加在一起还大。提高这些资产的回报率，不仅可以节约巨额资金，还能为政府提供收入，用于降低税收、削减负债，或用于急需的基础设施投资。

将全部资产整合到一家国家财富基金旗下：战略、风险与回报

国家财富基金可以做国家公共财产的专业管家，被委以发展、管理全部资产的重任，并遵守长期价值最大化、符合企业监管的原则。在所有现存的国家财富基金组合中，都缺少了国有不动产资产。而这块资产通常是全部公共资产中份

额最大的部分。不仅如此，公共商业资产中最大的份额往往由地方、地区一级政府把持。把这些地方、地区政府持有的公有商业资产整合起来，总额恐怕要比中央政府持有的资产多好几倍，这就需要在这些层级设立单独的国家财富基金，或者干脆就设立地方/国家以及城市财富基金。

把所有商业资产整合到一家公司产生的经济收益，来自于给全部资产构建一个统一的商业计划的能力，以及在追求价值最大化时可以采取任何必要措施而不受限制。这些能力会产生重要的规模效应，交易成本和运营成本都会大大降低，并能让资产组合得到更有效率的发展和私有化，此类能力还包括能够制订分段式的应对措施，应对各类已识别的风险特征，以及有效合并相关资产，以创造更有吸引力的投资组合。

把所有资产并入单一公司的经济利益在于，创立一个单一的载体来承接真正的多元化和规模化，允许相应现金流的长期匹配，从而更有效地为这些资产进行融资。此外，这个单一公司，还可以作为工具，为基础设施项目或其他商业项目或资产筹资，以更好地接触国际资本市场，或者压低借款成本。

尽管受各种背景因素的影响，很难进行各类基金的业绩比较，但有些国家财富基金的表现仍令人印象深刻。作为投资公司，淡马锡的业绩记录与任何私营机构相比都毫不逊色——自成立以来，35 年间的平均年回报率为 18%。

ÖIAG 是一家国有控股公司，持有 7 家大型企业，其市值占到奥地利股市的 1/4。控股公司的重要任务，是对其控股的企业全部或部分进行私有化，或者启动其他结构化处理。例如，奥地利电话公司(Telekom Austria)已经上市，政府仅持有 28%的股份。该股份集团成立于 1946 年，目的是快速实现大多数奥地利工业企业的国有化，避免被当时的苏联占领军接管。到了 20 世纪 70 年代，由于政治干预，其投资连年亏损。这导致了公司向独立持股公司的转型——这次董事会一个政客也没有了。奥地利工业股份集团目前的回报率很健康，有能力为前期累积的大额贷款还款付息。

当考虑设立国家财富基金的时候，政客们往往希望像海湾国家(某种程度上中国也是)那样建立数个国家级的控股公司，而不是仅仅一家。从市场和运营的角度来看，最好避免这种碎片化的倾向，这既是为了控制运营和交易成本，也是为了赢得国际资本市场上至关重要的良好信誉。资产全部整合在一起，伴随着由此而来的权威性，加上清晰明确的问责制度和足够大的规模，才能构建非常具有竞争力的知识库，并有能力支付有竞争力的薪水——当然不一定非得是最高的薪酬。这种国家冠军一般的规模，能让公司成为对专业人士有吸引力的雇主，并赢得所有利益相关者的尊敬。

这种资产全部整合到一起的管理方式也有助于全面理解持有公共资产的金融和财务风险。像中国那样，国有商业银行和国有企业之间往往会建立亲密关系，国有银行倾向于优先向兄弟国企提供信贷支持。而银行体系的效率低下，严重拖累了中国的经济。中国的银行成本比智利、马来西亚、新加坡、韩国及美国的成本都高。这些国家的平均存贷款利率差高达 3.1%。而根据麦肯锡的一项研究，在中国，在计算了注入银行的资本的费用之后，该利差是 4.3%——每年银行客户为此多支付了 250 亿美元。[①] 更加昂贵的是该国的资本分配成本：大量资金被用于维持无效率的公司，而有效率的公司却拿不到资本。若能解决这种错配，中国 GDP 可以增加 2 590 亿美元或者 13%。

好在阿布扎比和中国都已开始着手解决这一问题，为众多的国有银行设立单独的控股公司。成立于 2007 年的阿布扎比投资委员会（Abu Dhabi Investment Council）是政府所持有的金融机构（包括阿布扎比国家银行〔National Bank of Abu Dhabi〕、阿布扎比商业银行〔Abu Dhabi Commercial Bank〕、联合国家银行〔Union National Bank〕、阿尔希拉尔银行〔Al Hilal Bank〕、阿布扎比国家保险公司〔Abu Dhabi National Insurance Company〕）的控股公司，直接向执行委员会报告。

中央汇金投资有限公司是中国政府设立的控股公司，与财政部一起持有四大国有商业银行（其中有世界上最大的几家银行）——中国工商银行、中国建设银行、中国银行和中国农业银行，此外还有国家发展银行、中国光大银行及其他几家金融机构。[②] 汇金公司于 2003 年成立，是中央银行下属外汇管理局的子公

---

① McKinsey & Co (2006)。

② *The Economist* (2013) “The World’s biggest banks”, July 13。

司。在银行体系改组并重组后，成为承载优质银行资产的工具。2008 年，该公司变更为中国投资有限责任公司这一中国主权财富基金的全资子公司。

汇金被授权对某些机构进行监管，但其实它的权力比被监管机构还要有限。此外，它还要与其他利益相关方争夺对监管对象的影响力，其监管结构还存在模糊不清、缺乏问责机制的问题。例如，汇金无权任命、考评、解雇其持有的金融机构的董事长，只拥有名义上的与财政部一起任命董事会成员的权力，稀释了汇金这个名义上的股东的权力、责任以及权威性。

鉴于政府是债务和所有者权益的最终提供者，这就需要各方更好地理解整体的财政和金融风险。这也是中国和阿布扎比政府希望进一步整合及专业化管理他们的工业资产所有权的另一个重要原因。

在阿布扎比，作为阿布扎比酋长国的执行机构，执行委员会在内部设立了国有企业办公室。这是将之前受碎片化管理的商业资产进行整合的第一步。此前阿布扎比有三家国家财富基金：穆巴达拉发展公司、国有投资公司、国际石油投资公司（International Petroleum），此外还有其他一些直接持有的资产，例如机场、港口、核电站以及其他基础设施资产，再加上股票交易所、航空公司和房地产等。国家石油公司（The National Oil Company）作为该国的主要工业资产，仍由执行委员会直接持有。跟其他经济发展阶段相似的资源丰富型国家相比，国有石油公司适宜单独持有，直到石油天然气板块的比重下降，也就是说，直到国家成功实现经济多元化，不再全部依赖石油天然气业务。石油和天然气行业的发展对持续的政府控制以及企业监管模式的演变有着十分重要的影响。随着国有石油公司监管的改善和透明度的提升，积极应对日益发展变化的国内和国际业务模式会显得越来越重要。

从财务和金融的角度来看，金融危机中损失惨重的迪拜让我们学到了深刻的教训，进一步凸显大力整合商业资产的重要性。如果管理碎片化，政府不仅错失了给持有的全部资产设定战略方针的机会，也会导致资产配置效率低下、金融和财务潜在风险巨大。

在中国，国资委（国有资产监督管理委员会）是国务院直接领导的特殊机构，成立于 2003 年，负责管理中央持有的 117 家大型公司，包括一些世界上最大的公司，例如中石化、国家电网、中石油等。[①] 在地区和地方一级也有对应的国资委机构，持有当地资产，例如企业和不动产。

由于国资委的目标彼此冲突（既是立法者，又在政府内掌控资产所有权，但对资产和管理者的实质控制权又属于共产党），事实证明其对巨型企业的管理效率低下。政府得到的回报越来越低，而管理层的薪酬越来越高，共产党领导对其已经无法实施积极管理，只能通过发起反腐败运动，同时给管理人员的薪酬设定上限这些举措，来收回控制权。由于十分清楚这个监管真空，中国政府已经开始借鉴淡马锡和国内中信公司的经验，尝试加强该机构的监管能力。

中信（前称中国国际信托投资公司）是中国政府的投资公司，由邓小平提议，于 1979 年由荣毅仁（他是为数不多的几位 1949 年以前的老实业家，且熬过了“文化大革命”）创立。中信是帮助中国经济向西方投资开放的工具。刚开始的时候，中信的主要目的是吸引和利用外国资本，实现中国工商业的现代化。2014 年，中信对其在香港上市的子公司实施了反向收购，注入了 370 亿美元的集团公司资产，不仅将香港上市子公司规模从 60 亿美元变成 480 亿美元，而且勾勒了国家如何持有和管理商业资产的蓝图。尽管仅持有中国公有财富中的很小一部分，但它仍可能再一次展示了中国经济的改革之路。也许甚至西方政府也能从中信这个邓小平的智慧结晶里有所借鉴，让他们的国家财富基金在本地证券市场上市。正如邓曾经说过：“不管黑猫白猫，抓到老鼠就是好猫。”

与获取债务评级类似，主张将国家财富基金公开上市的理由包括：能随着资产的发展增加利益相关方的数目、拓宽利益相关方的范围，同时增强政治独立性、建立明确的目标、提高透明度。反对的理由则包括担心失去控制权、引发侍从主义。从经济的角度看，丧失控制权的损失将会很容易地被资产有效运行带来的收益和经济增长带来的巨大收益所补偿。这些财务和经济上的收益甚至可能足够拿来弥补政治影响带来的边际损失。

---

① *Forbes* (2013) “World’s largest corporations in 2013”, July 7。

11

创造价值的策略

11

Strategies for Creating Value

商业资产的专业所有权与管理需要一个360度封闭的机构框架，使政府能在保持一定距离的基础上，从一个纯粹的财务角度进行干预。

本书的绝大部分章节关注的是各国设计出来用以治理公共财富的机构。不过在本章中，我们将更加深入地研究探讨国家财富基金如何面对面地对待自己所监管的上市公司以增加收益。

很明显，更好的治理可以产生很大的作用。被许多人视为私有化之母的撒切尔夫人，在经济摇摇欲坠、公共资产深陷管理不善的泥潭之际当选，从而开始了自己的改革之路。随着其努力出售"家当"，从毁灭中挽救经济和国家的行为，她的私有化革命不仅影响了西方世界，更响彻全球。彼时，英国国有化行业占到了英国经济的10%，消耗的资本占投资总额的14%，但资本回报率却只徘徊在0到2%之间。[①]

在这些行业，人们对所谓的管理往往是漠不关心的，更不存在什么客户服务，和劳工之间的关系也非常差。既得利益集团从经济和文化的角度束缚了经济的发展。显而易见，候选人进行了大刀阔斧的改革，而在接下来的20年中，正

① Institute for Government (2012)。

如人人所知晓的一样，私有化的浪潮改造了公共生活、公共财政、股市和消费世界。

这些私有化举措毫无疑问有助于扭转英国当时的局面，相同情形同样发生在许多其他的发达国家经济体。批评者说，私有化仅仅是将公共财富转移到私人手中，并在那些由寡头统治的国家造成了灾难性后果。其他一些批评者则认为，在某些行业，公有企业私有化后放松了管制。而在现实中，倘若有强大的国家、发展状况良好的市场（商业和资本），以及成熟的公民社会做后盾，很多发达国家经济体已经能够在对大部分经济进行性质转变的同时，还能让纳税人、储蓄者、投资者以及最重要的消费者从中受益。

人们往往只有在金融危机来临时，才能觉察到对公共财富的监管是多么的糟糕。就像帕夫洛斯（Pavlos Eleftheriadis）所说的，希腊发生危机时，才让世界了解到该国经济在欧洲是最不开放的，因而也最不具竞争力和缺乏平等性。希腊根本无法解决其深刻的结构性问题，因为该国自身的寡头们源于其既得利益而希望保持现状。[①] 这个精英阶层，包括少数家族和他们支持的政客，为了维持他们高高在上的地位，仍然沿用老旧的做法，牢牢控制着公共资源、媒体和银行系统。

一个多次被提及的例子是希腊的铁路，它花了比总收入高出40%的钱来发工资。仅工资一项就花费了2.46亿欧元（3.5亿美元），而营业收入仅为1.74亿欧元（2.5亿美元）。2009年时其总的年度损失高达9.37亿欧元（14亿美元），是收入的5倍。这样的事件并非首例，还有很多其他相关投资摧毁了政府拥有的企业、排挤私人部门存在的可能性和从业的积极性，并最终破坏了整个经济的例子。

当西方经济再次面临巨大的挑战时，各国政府如果能够像一个运动员一般思考，琢磨怎么样使每一块肌肉都发挥最佳用途——也就是提高每个单位资产的收益率，则必将受益无穷。英国似乎又一次地站在了一场潜在革命的最前沿——努力绘制出中央政府和地方政府各自拥有多少财产，并考虑如何从这些

① Eleftheriadis (2014)。

财产中受益。

什么是价值创造?

三种不同的策略整合在一起,可以使资产/业务的价值最大化:运营、业务发展和资本结构战略。

运营策略的目的是创造最高的效率,塑造向市场提供产品或服务以赢取利润的能力和方式。这意味着提高生产效率,虽然这经常涉及要制定政治性的敏感决策,如精简人员、转移生产和经营场地,甚至歇业或彻底出清以提高效率。在房地产领域,这意味着盯牢每平方英尺的利用率及水电和维护的效率。对资产管理采取更综合的视角也意味着集中采购服务和商品,这会对利润产生重大的影响。适当的透明度,可以使得每个行业中的"最佳"成为比照标准。这是一个很好的方法,以防止既得利益集团持续压榨资产,并维持其在行业中的竞争力。

业务发展的重点是通过重塑该组织为客户、市场以及关系单位创造价值的方式来提升效率。这一关于价值创造的部分不太显而易见,因此显得不那么具有政治敏感性。但是,如果操作正确,它将帮助组织专注于核心业务,剥离或关闭那些对核心业务没有贡献的操作。随着技术的发展以及竞争环境的变化,业务模式也在不断发生变化,并需要不断的挑战。一旦管理完善,就能带来可观的收入。而一旦管理不善,则可能导致碎片化地滥用所有权人的基金(也就是每个人缴纳的税赋),或者相反的,被用来建立一个庞大的内部充斥着大量互无关联的业务的企业集团。

资本结构战略反映了一个公司如何对资产以及其整体运营和发展进行融资。这是通过一系列股票、债券或混合型证券组合的形式来实现的。资本结构策略是一种融资工具,通过优化融资帮助运营和业务发展实现既定目标,从而有助于实现业务和资产的收益以及价值双重最大化的目标。在房地产领域,这将对估值产生深远的影响,因为很多公共资产都被简单地遗忘了,它们或是被政府的客户或是被某个政府实体占据使用着,而他们其实并没有必要使用那些特定的位于城市中心优越地理位置的房地产。政府的投资组合几乎还总是包含绵延的土地，要么根本不使用，在账户里以零值的形式展现，要么其用途早已不限于政府最初的使用目的。最明显的是军事基地，在那里，技术的发展可以迅速让一个重要设施变得完全不相干。更多的例子不胜枚举，从新西兰优越海滨位置的房产、希腊所有的群岛到英国的阿宁顿住宅区(Annington)。

成立于 1996 年的阿宁顿地产公司收购了国防部的宿舍村部(Married Quarters Estate)，包括 57 000 套住宅。阿宁顿地产公司由英国私人股权基金泰丰资本拥有，其将大部分财产回租给国防部作为已婚服务人员的宿舍，同时国防部负责这些资产的维护和保养。由国防部释放出的多余房产被翻新并可以市场价格出售或出租。迄今为止，只有 1/3 的房产在公开市场售出。①

债务和股权融资之间的平衡需与运营策略保持一致，并考虑预计的资本支出和预期收益、流动性和现金余额、风险管理，以及预期的(或必需的)股利政策。债务，作为较便宜的资金来源，往往是最大的组成部分。但是，太多的债务(也就是过度杠杆化)可导致违约和破产，而过少的债务可能会导致财务成本不具竞争力，从而使得价值未达最优标准。

从历史上看，类似希腊铁路公司那样，将公共资产作为表外工具，以筹集更多的资金用于公共支出，是较为常见的政府行为。截至 2010 年，希腊铁路组织(The Hellenic Railways Organization)有 130 亿美元的债务，而销售额不到 2.5 亿美元，年度损失超过 10 亿美元。仅这一项债务就占了国内生产总值的 5%左右，而希腊国企的总债务则高达 330 亿美元。当这种表外负债被国际贷款机构所谓的“三驾马车”(国际货币基金组织、欧洲央行和欧盟)发现时，就立刻把它纳入该国的官方公共债务之中。

正如我们所建议的，商业资产的专业所有权与管理需要一个 360 度封闭的机构框架，使政府能在保持一定距离的基础上，从一个纯粹的财务角度进行干预。通过使用债券评级和更有效的风险管理，有助于实现更好的财务管理和会计核算，实现更低的贷款成本。

---

① Annington and Terra Firma websites。

在本章的其余部分，我们将讨论对于投资组合的所有者来说可行的各种金融战略——利用债券、股票，或两者兼而有之，以及如何帮助提高投资组合的价值。

债务之路

较之股权融资，使用债务融资来进行商业投机或收购资产有几个优点。债务融资的成本比股权融资低，因为支付给债券投资者（银行或债券持有人）的利息要比股权投资人要求的要低。[①] 因此，融资的预设立场，就是将债务水平推到尽可能高的地步，但又不至于到达一个临界点，使得资产/业务冒着失去支付利息能力的风险。

债务融资可以让管理人员拥有更大的资产基础。如果是被正确地整合在一个专业机构里，债务的使用还给管理带来了可选项，即制定可优先出售的资产项，从而避免贱卖资产。

最大限度地提高公共资产的价值并不单纯是一个财政问题。对于更广泛的经济范畴而言，它同样具有重要意义，并使政府有机会展示给所有的竞争者，包括那些私营部门的对手看，它所维系的公平竞争环境对任何人都是一视同仁的。优化杠杆有利于有效地使用公共资金，使有限的自有资本可以用于其他用途——包括将其返回给政府这个唯一所有者，而这将最终有利于纳税人。而在潜在的资产剥离之前，进行优化杠杆也会限制贱卖资产的风险。

主动监管需要政府作为所有者付出大量努力。但是，出售或私有化资产，同样需要政府以一个专业卖家的身份做更多工作。

采用债务融资，需要政府将公共资产作为统一的投资组合进行管理，同时也需要政府引入专业管理，这是由许多原因决定的，不仅仅在于能够避免承担过多风险以及过度杠杆化。许多政府官员发现，由于缺乏洞察力、透明度和与其他资产管理者之间的协调合作，也就是普遍缺乏专业化的管理水平，自己早已被过度

① 如果不存在扭曲和流动性约束，那么发行债务或股份没有区别，但是政府本身就通过允许债务利息抵扣而股利不能抵扣导致了扭曲。在现代税务政策分析中，这一问题逐步得到了重新认识。

杠杆化的公共资产所带来的挑战弄得不堪重负。

那些受权贵资本主义控制的国有资产，由于其庞大的行业负债或银行负债都跟当地某个寡头有着牵扯不断的纠葛，因此几乎无法进行更有效的管理，也无法开展私有化。这在前苏联和南欧的许多失败的私有化案例中屡见不鲜。

此外，许多资源丰富的国家，虽然资本充裕，但由于向其所购买的公司注入了巨额的权益，随着这些公司不断累积巨额债务，政府最终也变得债务缠身。如果统治者或政府缺乏一个统一的投资组合策略，不理解资产配置的重要性，缺乏财务回报的适当透明度，这种问题就会发生。除了过度杠杆化和不断需要资本注入外，表外融资也常常被采用——这一行为表面上是为了保护资产为公所有，但其实进一步增加了金融和财政风险。

有了统一的产品组合和专业的管理之后，预私有化(Pre-privatization)融资能够获得的主要好处在于通过产生净收益而增加了货币化资产的价值。这消除了潜在预算压力可能导致的提前处置，从而增加了选择出售时机的灵活性，可以等待价值最大化的时机，即：可以主动选择出售时机，而不仅是简简单单地甩卖资产。

作为例证，英国的地方政府已经为当地的持续发展开发出一种被称为“本地资产支持工具(Local Asset Backed Vehicle, LABV)”的模型。这是一种合资公司的形式，由议会划拨关键财产和土地，私营部门能够以此为抵押进行借贷。其风险和收益是通过有限责任合伙的形式共享，并可以帮助避免冗长的采购周期和以往公私合营企业的启动成本。项目融资通常被用来促进城镇中心的发展，如价值达 4.5 亿欧元、为期 25 年的克罗伊登镇议会(Croydon Borough Council)和开发商约翰·莱恩(John Laing)之间的合作企业关系。本地资产支持工具(LABVs)提供了一个机会，使该议会所持资产可进行杠杆融资而不是被迫出售。① 希腊政府在其资产私有化进程面临困难后，也考虑了类似的结构。

在这种结构中，资产应被转移到由政府所有的专业化管理的公司性实体中去，能以公司未来的现金流或者每个标的资产的内在价值为抵押，筹集到“预私

① HM Treasury (2010)。

有化”的融资。在协议期满时，实体应该在市场上出售资产来偿还融资，或将资产作为还款转移至金融机构。在希腊的例子中，国家可以借此赢得时间以实施必要的结构性改革，而这将提升资产的价值。

政府将继续保持对资产的控制，最重要的是，等到价格合理，抑或是能够得到合理价格的时候，政府仍可以自由出售资产。这将对这个国家带来不少必须的，类似于私人部门的流动性，可用于偿还流动负债，或开发投资组合内的其他资产。与此同时，政府在开始不可逆的私有化进程时，随着时间推移，仍然可以从资产估值的恢复性上升中获益。

以这种模式建立的国家财富基金也可以根据自己的信用评级，以独立的公司实体名义发行证券。它可能首先要建立一个跟踪记录，以资产的所有者、发展商和操作者的身份建立自己的信用度，如淡马锡、国库控股公司、穆巴达拉发展公司和上海国际集团所做的那样。

由于房地产是最不透明的，但往往又是大多数政府的投资组合中规模最大的资产类别，因而在任何货币化过程的早期阶段，此类资产均需引起特别注意。单独设立一个房地产投资组合，再创造一个连贯可行的、结构化的房地产开发战略，可以创造多样化的替代性价值。融资可以针对物业的“现金牛”特性进行个性化设计，也就是指，物业一般具有的产生租金的特性，售后回租的特性，需要开发/重建的特性，以及特殊用途特性，或其他缺乏商业价值的属性，等等。

用价值创造的角度去看待那些政府既是所有者又是租户的物业，可以发现，通过为这些场所的租金成本设定一个市场价格会带来额外的好处。这将激励政府搬出那些毫无必要的租金昂贵的物业。其所产生的效率效应能够显著降低政府支出。激励手段不但要与提升物业的价值相结合，还要与降低政府支出紧密联系起来，手段包括优化每层楼的有效使用空间以及增加物业组合中私营租户的数量。

权益之路

股权途径涉及各种形式的交易，包括出售核心业务的部分股权、子公司的全部股份,或者商业业务的分拆部分。这可以通过IPO(首次公开发行)或标准的贸易销售来实现。IPO可通过提高透明度、更好的监管和专业化管理等手段,扩大利益相关者的基础,从而增加改革的压力。贸易销售则可以提高竞争优势,既能从行业买家那里学到运营、财务、战略的优点,也能从金融买家那里学到如何利用关注点进行杠杆融资,如何集中精力,以及高超的管理技巧。

在世界各地的许多城市,有大量广阔的土地空间等待开发,如海莱尼孔(Hellenikon),恰好位于所谓希腊海滨沙滩之上的雅典的一个老机场。在伊斯坦布尔,军事安全区占据了5万余英亩的土地,其中大部分是绿地且是位于博斯普鲁斯(Bosphorus)海峡与金角湾(Golden Horn)边上的黄金地段,包括加拉塔(Galata)的古希腊商业区。政府计划了一个7亿美元的项目,拟在金角湾建立一个新的综合性港口,将之前被军队占领的一个巨大又荒芜的造船厂,改造成为两座游船码头、两家五星级酒店、一个购物商城,以及一所可以容纳1 000人做礼拜的清真寺,总招标预算达到13亿美元。政府给予道格斯(Dogus),这家中标的土耳其家族企业集团60年的租约,以发展港口和房地产。这是一个最近的关于政府引入私营部门的资金和专业经验来进行商业开发的例子。

从战术角度来看,可以从两个方面去观察企业运营的私有化:一种是已经身处激烈竞争市场的业务的出售,另一种是前垄断性资产的出售。对于前者,关注点是政府如何作为一个"卖家"进行运作,那时政府可以聚焦于代表现有的股东,即纳税人。政府的受托责任使其应该将价值最大化作为主要目标,应像任何投资者一样卖出尽可能高的价格。IPO或贸易销售是否能够带来最好的价格,完全基于当下的市场环境以及该资产未来的发展状况。

最近的一个例子是2013年年底英国皇家邮政在英国的私有化。这个曾经的公共事业单位,现在却处于一个相当发达和有竞争力的市场之中。在股份定价方面,英国政府受到严厉的批评,说从为纳税人创造的货币价值的角度来说,这次比20世纪80年代和90年代的抛售价格还要低。政府出售了该公司的60%,筹集了近20亿英镑(34亿美元)。但该公司股价在交易首日大涨38%,因而引来关于纳税人损失高达10亿英镑(17亿美元)的指责。这可以和20世纪80年代和90年代的类似事件相比,如英国航空上市首日上涨了14%,英国电信则上涨了86%。[1]

不过也许这仅仅是政治家为了削弱既得利益者阻拦出售而必须付出的代价——他们邀请了大批员工跟机构买家一样以极低的价格购买股票。相比较而言，在瑞典，特利亚公司的IPO定价为那个时点的最高价。这同样恶评如潮，因为大量散户投资者高价买入，结果发现这笔投资未能立即给他们带来收益。

至于对前垄断产业的销售，政府的战术考虑应当不仅仅基于让纳税人获得最大的销售价格，同时还需要从长期消费者的角度来看待问题。为了将一个事业单位适当地进行私有化，政府还必须考虑监管框架和监管机构。这就要求在服务水平、定价上创造透明度，并给新进入者建立平等竞争的环境，用公司监管手段以确保公平竞争。

在此背景下，如不能建立有效的市场机制，就将提高制造私有部门寡头企业和创造隐性政府补贴的风险。对价格干预的需求，就说明了国有公用事业私有化进程中存在的风险。

在现实中，大多数私有化介于这两种观点之间。对政府而言，重要的问题是顺序一定要正确。用适当的监管铺平私有化的道路是关键。如果监管平衡出现失误，或者竞争结构失效，消费者最终将付出惨重代价，企业利润变得“太”高，私营部门的股东则会从纳税人处“免费搭顺风车”——这正是批评家常常谈到的。[2] 但监管不是最终目标，这是一个复杂的过程，而且存在着很大的不确定性。

最后更有可能的是，一个强有力的政府监管与私营企业之间的对决能让消费者更加容易受益，而不是一个利维坦式的政府——这种政府既是业主，又是监管者，自己跟自己就如何监管的问题纠缠不休。与私营机构相比，属于国家所有的资产，受国家的保护而免于面对竞争与财务的压力，也不受严格的监管制约。在国家管制下，这些资产往往成为企业集团，甚至商业帝国。出售非核心资产将产生大量的资金，同时提高对原有核心业务的专注度，这都将增加资产的价值。

---

① Parker (2012)。

② *Financial Times* (2013) “Rail to Royal Mail: the dangers of flawed privatisations”, October 10。

分离或剥离没有明显相关性的资产，或将非核心资产和服务转入一个专门的资产管理公司，是一个权宜之计，能够使政府立即专注于核心业务，使其获得必要的重点关注，从而迅速提高运营效率和资产价值。在每个民营企业，业主和管理者都会持续地考虑运用相关策略来维持或提高效率，保持竞争优势。

欧洲各国政府已经花费了 30 年将其综合邮政服务进行打破整合，并分为三个组成部分：电话网络、邮政系统和邮局网络。这一系列行动始于 1981 年，彼时撒切尔夫人正准备私有化英国电信——该过程完成于 1984 年。但她拒绝私有化英国皇家邮政，说她“不准备将女王头像私有化”。不过 30 年以后，现在的英国皇家邮政已经私有化，只是不包括邮局分支的机构网络——政府计划对 11 500 多个旧式分支机构投入 30 亿英镑(47 亿美元)，将其转换为多功能机构。

同时，在荷兰，荷兰皇家 KPN 电信集团于 1994 年开始改制，随后拆分成两个公司，一个经营电信业务，一个经营邮件、快递和物流业务(更名为 TNT 邮政集团，TNT Post Group)，然后剥离了邮局网络业务。在德国，德国邮政于 2000 年上市，至今利润率是英国皇家邮政的 2 倍。国际竞争对手也在英国建立了业务，包括联邦快递这家美国运营商和 DHL(德国邮政拥有)，惠及了消费者和企业。个别的如瑞典等国家则进一步简化其电信、邮政和邮局的运营，并产生了相当大的价值。

世界最大邮政服务商的传奇故事

1947 年到 1995 年间，德意志联邦邮电局(Deutsche Bundespost)是德国邮政和电信行业的垄断企业。在 1995 年，它的三项服务转化成三个股份公司：德国邮政、德国电信(Deutsche Telekom)和德国邮政银行(Deutsche Post Bank)。今天，德国邮政仍然是全球最大的邮政公司。这一切都是怎么发生的呢？

最初，国家持有全部股票但私人股东亦被接受。国家持有了该公司大多数股份，时间长达五年。

在随后的几年，由于投资增加，邮政的效率和服务质量显著提升。自1998年以来，90%的信件是自动分拣的（相较于90年代初的25%）。在对内陆服务和组织进行重组后，德国邮政开始对海外业务进行投资和并购。在1998年，它收购了DHL公司10%股份，并与DHL一道成立了欧洲快递（Euro Express），在20个欧洲国家间进行信件和包裹的递送业务。它还收购了全球邮件（Global Mail）——美国最大的私立国际邮件服务提供商。

1999年，德国邮政收购了瑞士物流公司丹沙以及航空快递国际公司（Air Express International），这是美国最大的国际航空货物运输服务提供商。此外，德国邮政从德国政府处购买了德国邮政银行的股份。在2000年年底，德国邮政公开上市，在证券交易所挂牌交易。2002年，其对DHL持股提高到100%，还收购了隶属于DHL的汉莎货运（Lufthansa Cargo）25%的份额。2004年，德国邮政银行上市。2005年，德国邮政收购英国英运物流公司（Exel），一家英国的物流企业。另外，随着重建贷款合作社（Reconstruction Loan Cooperation）出售了其所持有的德国邮政的股份，德国邮政的主要股份已不再由国家持有。

2008年，德国邮政推出了绿色气候保护方案，并在莱比锡/哈勒机场（Leipzig/Halle Airport）开设了新的航空货运枢纽。到了2009年，公司（现在被称为德国邮政敦豪，Deutsche Post DHL）开始将邮政银行的股份出售给德意志银行，相关交易于2012年完成。2012年，DHL快递北亚枢纽落户于上海浦东国际机场，并在2013年追加了投资。在德国，德国邮政开始建立城际运输。在美国，其在辛辛那提/北肯塔基国际机场（Cincinnati/Northern Kentucky International Airport）为美国大陆提供航空货运服务的枢纽也在逐步扩张。

今天，德国邮政的足迹遍布220多个国家，拥有48万名雇员，盈利状况相当不错。其业务量在2013年达550亿欧元（710亿美元）。这可以看作某种形式的成功，但同时也是将德国纳税人作为风险资本家的一场豪赌。

当国家将自身的公众持股整合成一个投资组合时，这往往是提高透明度的第一步。政府常常到最终才意识到它们控制了成千上万的小型资产，中国是个极端的例子——在20世纪90年代中期它发现自己拥有超过12万家“企业”。资产整合在这种情况下呈现出了不同的含义，中国称之为“抓大放小”。[①] 当时的想法是，将精力集中在那些政府所有权被认为与该资产的发展息息相关的大型资产上，对于其他的则放手不管。这往往首先需要努力将所有活动纳入合并到一家企业，只将与该资产或服务有合理从属关系的有形资产完全纳入，从而创造一个可出售的法律实体，同时停止其处于休眠状况或不再可行的一切活动。努力出售较小的国有企业——往往是出售给管理者和员工，为该国私营部门的发展奠定了基石。

在“抓大放小”的政策下，中国承担了一个政府在此种情况下可能面临的最大的重组工作。该政策于1997年获得通过，并为中央政府努力整合和管理其公共资产奠定了基础。[②] 2004年，经过了这次私有化浪潮，大批量的小型企业改制为属于企业管理者和员工所有，中央政府所持有的资产组合最终留有较小的实体约37 000个，较大的企业为169个。[③]

价值创造的条件

改善投资组合价值的第一步，对任何政府来说，都是整合整个公共资产组合的所有权和管理模式——将全部资产置于单一管理之下——从公司债券、基础设施、金融机构到物业资产组合。

有些部落为导向的文化或弱国经济体往往有一个强烈的倾向，即遵循“分而治之”的心态，这就需要将投资组合在几个控股公司之间进行划分，而不是针对市场建立单一的形态。无论是从市场的角度还是从组织的角度，有关是否应当将所有资产整合在一起进行单一管理的讨论都值得关注。

① Naughton (2007)。
② 同①。
③ 同①。

从市场的角度来看，对潜在投资者（无论是债券或股票投资者）应采取一种重点突出的做法。这种做法将确保连贯、及时地展示资产，以实现最有吸引力的定价。这种对焦点的关注允许分段呈现资产组合可识别的风险状况，并使其在适当的时候可以与相关资产（无论公共或私营）合并，以建立一个更具吸引力的投资组合。此外，这还将有助于降低运营和交易成本。

从运营的角度来看，一个单一的控股公司可以通过统一的等级制度和透明的权威系统建立明确的问责制。合并也将产生足够的临界质量，以便积累有竞争力的知识库，并支付具有竞争力的（尽管不需要做到市场领先）补偿，以成为有吸引力的雇主。

12

关于未来国家财富基金的经验教训

12

Lessons for Future National Wealth Funds

12
关于未来国家财富基金的经验教训

> 所有者(政府)和国家财富基金之间的合同关系,应仅限于政府或议会向该国家财富基金任命董事会成员及审计师,建立总体目标和战略,以及商定分红政策。

前几章描述了各个国家改革公共资产监管方式的尝试,包括引入国家财富基金。在本章中,我们总结了这些实践中的经验教训,并试图描绘前进的道路。

企业化的控股公司——国家财富基金,是公共资产的专业管家,负责开发和管理这些资产,并通过可能的销售,在理性、公共利益和透明化的原则下,最大限度地提升资产的长期经济价值。这个控股公司也将会是一个更好的工具,用来改善获得债务融资的渠道,并且有可能降低从国际资本市场借贷的成本——通常用于为基础设施项目或其他商业企业融资。

国家财富基金的专业独立性是通过明确的目标及确保其行为公开和透明来实现的。这种专业上的独立性在两个方面发挥作用,对于一些政治机构而言尤显重要,因这些机构在其所持的某一特定资产实行私有化之前需要进行某种类型的重组。为了帮助它们赢得国际资本市场上的声誉,国家财富基金的管理尤其需要专业独立性,就像许多央行从政府的短期干预中“独立”出来后所做的那样。这些论点首先由沃尔特·白芝浩(Walter Bagehot)所强调,他在 19 世纪就在《朗伯德街》(*Lombard Street*)一书中主张中央银行要独立,[①]但这些观点经历了近100年才被接受。国家财富基金的组织应遵循以下方针。

公司监管

为了巩固其独立性,国家财富基金应在国际最高标准的公司监管架构的基础上运营,董事和管理者承担全部的责任,并实行问责制,以确保公司日常表现、价值创造以及投资组合的收益都能达到最优化。

在每一个层级,建立和公布责任明确的指挥系统是至关重要的第一步。这可以在政府所发布的透明的所有权政策及董事会程序规则中体现出来。相关决议将由国家财富基金发布并应用于其所持有的全部资产,特别是用以避免责任的互相重叠或可能出现的不适当的政治干预。

既然我们谈论的都是商业资产,那么公有资产没有任何理由不该像私营部门的所有者及其管理者一样置身于同样的法律框架之下。在许多国家,董事会的职能和责任都受到明确的法律限定,国有公司应当和其他股份制公司的董事会具有相同的责任制与问责制。

建立一个对私营和公有企业一视同仁的平等竞争环境,可以确保双方都受到单一法律框架的保护,而且公共资产能够运用私营部门可以使用的所有商业工具。此外,一些国家如新西兰出台了正式的所有权政策,这也是针对所有参与者问责制度的一个集中声明。在这些政策中,政府明确界定了董事会在广泛战略方面的角色,包括其应当如何参与对企业意向声明的准备阶段、完成阶段以及实施阶段。[②]

董事会的有效性和政治独立立场取决于整个制度环境的强度、质量和结构。其所有构成部分和角色,如"董事会"和"经理层"等,在不同的司法管辖区有着不同的定义,这也是为什么任何解决方案都需要量体裁衣,以适应每个国家的具体

---

① Bagehot (1873)。

② OECD (2005b)。

情况。有效的董事会职责分工取决于所在的司法管辖区以及当地监管规则，但是，有三个主要的监管职能仍相对通用，这包括：

- 监督：主要是风险管理和审计。
- 决策：战略和薪酬，以及人力资源。
- 执行：日常管理和会计。

这些功能的分配方式有所不同，包括以市场为基础的单一的盎格鲁-撒克逊体系，到规模更大的、以控制为基础的大陆或日耳曼系统的"两层"架构，再到两者结合的北欧模式。①

为了改善监管、加强政治独立，对责任进行适当授权，并结合某种形式的制衡一般是可取的。这可能包括让监督职能有专人承担，并且以某种方式从行政职能中分离出来，比如将董事会主席的角色与首席执行官的角色互相分离。一个专业的非执行董事长，具备适当的商业知识和经验以配合公司的管理，同时保持着与该实体政治领导人的信任关系，对所有利益相关者而言，无疑是对政治独立性的再次背书。

与此相反，如果没有一个有意义的制度框架，整个董事会的架构将多少显得无关紧要。在一个中央政府较弱的经济体里，任命亲朋好友为国企董事会成员，不免让人联想到过去的日子里，皇室用土地打造忠诚，并为盟友提供额外收入来源的做法。这种类似封建社会的行为并不是一个孤立存在的问题，在通过改革强化中央政府的大背景中仍可以看到相应的脉络。另一方面，在那些中央政府强大、由单一政党占主导地位的国度里，任命功能则成为一种扩大党的影响力的工具。董事会的职能遭到弱化，使得任何所有权管理工具，甚至包括控股公司，很大程度上都已无关紧要了。

通过引入所有权政策——正如瑞典所做的，政府可以明确界定参与的范围，包括设置公司的愿景、任命外部审计师，并提名非执行董事长等。董事会应通过其主席就至关重要的问题与所有者的代表们进行协商，如果有必要，可向股东大

---

① Unger (2006)。

会提出决议。在这些问题中，最重要的是关于公司运营的重大战略变化（如收购、兼并或资产剥离），以及涉及公司风险特征及资产负债表的重大变化的决定。[①]

所有者（政府）和国家财富基金之间的合同关系，应仅限于政府或议会向该国家财富基金任命董事会成员及审计师，建立总体目标和战略，以及商定分红政策。

国家财富管理基金应该自食其力地管理风险，有适当的内部控制和内部竞争力，而不是将政府作为最终的风险保障——最好连表面上的依赖也不要有。此外，需要在监督委员会中再建立专门的委员会，如薪酬和审计委员会，以进一步显示他们有能力独立于所有者。独立选择外部审计机构的权力应保持在所有者手中，或者在许可的情况下由监事会负责。内部审计和控制特别是风险管理，将是支撑国家财富基金政治独立的基础所在。

也许，独立中央银行的成功发展可以提供一些指导。对所提的这种独立性问题（有的甚至来自沃尔特·白芝浩），今天看来已经相当熟悉了，包括：

- 保留问责权，同时使央行银行家绝缘于政治干预。
- 确保央行官员专注于履行自己的职责。
- 计算决策委员会的最优规模。
- 央行在决策时听取金融业代表的合理意见，而不是由金融业反过来控制央行的行为。

一般从四个方面来衡量中央银行的独立性：

- 通过任职保障和独立任命，使管理绝缘于政治压力。
- 免于政府政治决策的干扰。
- 明确的货币政策目标。
- 关于政府贷款规模限制的约束条款。[②]

---

① Swedish Government (2004)，瑞典政府于 2002 年 3 月 21 日接受了包含对外财务报表的全部指导方针，并于 2003 年 10 月 9 日接受了对就业和激励机制方面的指导方针。

② Crowe and Meade (2007)。

和透明度一样，以上是妥善管理公共财产的必要条件，也将有助于树立国家财富基金的公信力和独立性。

任命和评估董事会

为了支持监督职责向国家财富基金的董事会转移（让别人目睹这种支持也非常重要），需要有一个专业的、机构化的提名程序来完成人员的选聘，以此赢得所有利益相关者的信任。这将确保最终选择标准是合理合法且基于相关能力的。关于能力的最佳组合将会随时间而变化。一个恰当的董事会提名过程应当不仅仅基于董事会的评价，也应植根于当前的业务发展计划，并根据所处时间点所需的竞争力/技能组合进行调整。

类似的关于责任与问责的专业代表应占据控股公司董事会的相关位置，包括由国家财富管理基金根据业绩表现，经由专业和机构提名程序来完成董事会人员选聘。

对国家财富管理基金治理结构的信任，很大程度上依赖于董事会监督职能的独立性和公信力，而无论立法模式如何。对于一个有效的监管结构而言，非常关键的是其董事会对投资组合负有清晰的主要责任。除非这种责任完全权责清晰，充分被各方理解，并有良好的沟通，否则政府就无法成功转移自己对资产的责任，无论成功或失败，都将是最终的责任人。

举个例子，瑞典央行（Riksbank）的理事会拥有由瑞典议会任命的 11 名成员，而主席和副主席之职则由成员间自行任命。瑞典央行的日常活动由执行委员会进行管理，该委员会由 6 名成员组成，由理事会任命，任期为 5～6 年。理事会任命执行委员会主席——他（她）同时又应是瑞典央行的行长，以及至少一名副主席（同时作为央行副行长）。[①] 根据法律规定，理事会成员不可以同时担任内阁部长、瑞典央行执行委员会成员、银行董事会成员或代理，或者任何其他由

---

① The Sveriges Riksbank Act（瑞典银行法，1988：1385），www. riksbank. se/en/The-Riksbank/Legislation/The-Sveriges-Riksbank-Act/。

金融监管局所监管的公司的董事会成员或代理，或任何其他可能使其不适合作为理事会成员的职位或任命。

在类似王朝的社会里(基于家庭、宗教、党派)，国有企业有时看起来好像是属于国家和“王朝”安全性的一部分，那些较高的职位只有交给“家族”或党派内人士才令人安心。另一种观点正如成功的家族王朝如奥斯曼王朝(这是历史上统治时间最长的家族)，他们将最重要的政府职能如国防、管理等外包给独立的专业精英们——这就是所谓的“德芙什美”系统(the devsirme system，即臭名昭著的“血税”)。该系统的目的是在保持社会平衡的同时，还能保证得到最为专业化的发展。具体做法是通过从非土耳其管理者和士兵中选拔精英，以作为统治王朝和其他贵族家庭之间的平衡力量。因此，即便对于类似王朝的统治者或独裁者而言，雇佣外部专业人员来管理资产也是有意义的。这既防止了所有者与管理层之间专业关系的妥协，有利于更换表现不佳的经理人，也可以防止“王朝”或部族任何一方通过联合强大的商业运营关系来获取更大的权力。尽管在今天的世界，招聘专业人士经营“家族”企业这一理念仍有一定的价值，但我们还是建议在招募和激励国际专业人士方面，应采取比之前的奥斯曼王朝所采纳的“德芙什美”系统更为现代和先进的方式。

在一些更为关键的金融形势下，董事会的提名可以作为工具来改变一个公司的进程。在 20 世纪 90 年代末瑞典的投资组合改革过程中，在三年改革计划的第一年，获得任命的专业人士占据了所有董事职位的 4/5 强。

担心会失去影响董事会任命的能力也许是一个最大的原因，导致政治家们，即使发达经济体里那些精英中的冠军，会对所有权从政府内部转移到一个独立控股公司深感抵触，因为这会带走政客们任命国家财富基金所有董事会成员的权力。

职业化管理

吸引合适的人才来经营国有资产如国家财富基金，需要相关政策和公司化的监管结构。这理应包括薪酬和激励机制，但不受政治干预和公众过度批评的影响亦同等重要。在英国，已经有先例证明了这是一个很大的问题。那些受命去监督公共所有权银行的政府机构，正在努力寻找非执行董事和主席。与之类似，银行自己也发现，政府所有权带来了对薪酬机制的额外审查，这对那些无法迅速偿还“问题资产救助计划”资金的美国银行，或无法迅速脱离英国政府所有权的英国银行来说，已被证明了是竞争中的巨大掣肘。

要取得成功，一个国家财富管理基金的高级管理层，应与私募股权基金中同等职位的人员类似，在国际金融、工业以及私募基金等领域拥有相关的管理和行业经验。

最初的管理团队用不着特别庞大，仅需要大约 20 名专业人员组成一个人数有限的小组，并由外部专家和审计人员协助，以项目为基础进行管理。随着时间的推移，该小组将慢慢增长到 35～40 名专业人士的规模。

高级管理团队应包括最终负责战略执行的首席执行官，负责合规和风险管理的首席运营官以及负责法律事务的主管等少数专业人士。首席财务官的团队中要有会计和债务结构专家，同时还要有负责处理投资者关系及沟通的专业人士，以及控制会计和现金管理系统所必须的 IT 方面的人才。

正如私募股权投资普遍采取的方式一样，应将投资组合根据不同行业划分成相应团队，如电信、媒体和科技，能源，金融机构，一般工业，房地产，等等。每个产业小组都应由拥有丰富国际产业经验的投资专家、国际投资银行或私募股权公司的负责人来领导。每个产业小组将得到 1 至 2 位投资经理的支持。他们应该具备金融和产业分析的背景，对股权和债权交易以及相关的重组活动具备项目管理技能。高级管理层和部门团队也应得到来自该行业的富有经验的高级管理人员组成的咨询网络的支持。顾问网络将有助于产生各控股公司非执行董事的位置，并可以以独立顾问的形式参与其他相关的特定持股公司。

国家财富基金将提供专家意见，并落实旨在促进增长和卓越运营的产业战略，以帮助每一项资产发展。投资组合内各公司的战略布局是通过控股公司的 CEO 来实施的，并应当得到独立董事长领导的董事会的大力支持。董事长及非执行董事应是独立的业务主管。对于全资拥有的投资公司，国家财富基金指派一名代表就足够了，而对于上市的公司，国家财富基金则可以从顾问网中任命一名行业顾问作为非执行董事。

各控股公司的董事长应起到主要的关联作用，不仅连接国家财富基金与控股公司首席执行官，同时也连接着董事会和国家财富基金。对于全资拥有的企业，专门的行业顾问与投资经理应为董事长创造一个非正式的传声筒渠道，来支持该公司的首席执行官。在从曾经的垄断地位进入竞争环境的过程中，或其他主要战略进行调整或转换时，这一点尤其重要。

对首席执行官、董事长以及董事们所进行的透明、持续的绩效评估——正如对于专业的投资顾问的考核一样——是一个综合的流程，应每年举办一次，并通过对照经营计划和市场分析进行。这个过程确保相关的能力都能通过董事会展现出来，并体现出监管是否按照目标及相关市场前景有效运作。这一评估的结果可能导致董事会成员的变动。

相对于标准的私募股权设置，国家财富基金的另一个关注点，是对于短期政治影响力和其他既得利益者持续保持警惕和防范。它们对于价值最大化的目标始终是一个威胁，需引起董事会和高级管理层的高度认识，同样也需要其他金融利益相关者的支持。同时，在将一个过往的垄断企业转向完全有效的市场导向的行业过程中，所面临的文化、金融、运营方面的挑战，无论是私营业主还是政府，都是一样需要面对的。

政治独立的终极目的是给予该机构及其代表以信任和信心。信任是衡量我们对于另一方诚实及善意的相信程度，而信心是对于这种被信任的能力的信念。信任会降低社会复杂性，使一些原本可能太过复杂或太耗时间的事情变得高效，对企业而言尤其如此，[①]就好像日常生活中发生的道路交通管制或业务运营。例如，在一个交通路口，我们相信其他司机会按约定俗成的方式行动，以确保交通顺畅、高效。而在企业里，对于某项商业交易将在未来完成的信任，往往在握手之间或以书面合同的形式呈现。一般情况下，源于能力问题的信任失效，往往比由于缺乏善意或诚信造成的信任失效更容易取得谅解。

政治上的独立涉及两个部分：机构的和个人的。两者都旨在创造针对政府

① Bachmann (2001)。

意图的信任度，使大家相信国家财富基金会具有专业化和独立性的特点，并且不会遭受短期的政治影响。机构部分涉及控股公司内部及周边的法律结构和框架，以及其监管体系和公司章程。个人部分则涉及那些影响我们是否信任政治独立的人为因素，以及那些充当代理者的人，包括提名董事会的选拔过程。

在经济学中，信任往往概念化为交易行为中的可靠程度，并具有循环的相互关系，如认为正义是信任的基础，反过来信任又将在未来促进正义。① 信任也会随着信息的公开交流而提升，这也正是对于政治独立来说，透明度非常重要的原因。②

信任是一个不断进化的过程，机构体系也好，其代表人也好，都需要在意图和能力方面一以贯之和公开透明。信任需要完全的透明度。透明度应被当作公众和投资者了解国家财富基金内持有和管理的所有资产的性质和地位的一种能力。信息披露的质量和可靠性应按最高标准执行，以确保任何市场化方案具有可行性，其中包括对这些资产坚持独立的审计和资产评估。一个国家财富基金应该像任何一个公开上市公司一样，使投资组合内的资产保持透明度，定期向公开市场发布信息，包括发布年度报告和季度投资组合回顾报告。来自私营部门的瑞典银瑞达投资集团(Investor AB)是一个很好的例子，这是一家由瓦伦堡家族控制的瑞典资产管理公司。在公共部门方面，芬兰国家主权财富基金——芬兰政府的控股公司——提供了类似的良好透明度，虽然它并没有上市。

国有商业企业的董事会应负责遵守公认的会计准则和报告准则，以及现行会计法规和通用的会计原则。较大的控股公司或具有战略重要性的公司还应遵循上市公司应遵循的国际惯例。应该要求这些大型国有资产用英文发布其年度报告和财务报表，并经有信誉的审计师进行审计。所有权工具也应该设立一个专门的英文网站，发布其年度报告和经审计的财务报表，以及基于最佳国际惯例的季度财务数据。

① DeConick (2010)。
② Goddard (2003)。

国家财富基金中的房地产

公共商业资产中的地产板块很少被完全纳入国家财富基金的统一管理。这其实导致了不小的代价。有两个原因可以说明：首先，从财务角度来看，如果基建或其他商业企业或资产需要融资，多元化和规模化会增强国家财富基金从国际资本市场借钱的能力，降低有关成本；其次，从经济角度来看，不同资产类别整合而成的商务计划，一方面可为价值最大化提供灵活性，让企业随时可以抓住对其自身最有利的时机进行资产剥离，另一方面，规模效应也能够降低交易成本和运营成本。

不过，一些国家的政府已经创建了专门的控股公司对其房地产资产进行管理，包括芬兰、奥地利、英国和瑞典，并显示出它们有能力产生健康的回报率。控股公司主要有两种模式：分散模式和整合模式。分散模式以瑞典为代表，就是由原来的业主——往往是一个政府部门——将其所持有的房地产资产注入一家控股公司之中。整合模式则以芬兰为代表，就是中央政府试图从大范围内，将政府不同部门持有的房地产合并到一个单一控股公司里。

分散模式的主要好处体现在政治方面，例如瑞典在20世纪90年代所经历的。原来的拥有者如某政府部门或部委，可以建立自己的控股公司。财政上的好处——至少是暂时的好处——仍然归原先的所有者所有。战术上，这样可以避免或至少推迟发生在政府内部的所有权争斗，将类似问题的发生日期延后。当在提高透明度方面的改进相当可观并且不可逆转，该解决方案还通过将资产注入私营部门的运营工具，得到各种各样的运营收益。

公有不动产通常可以从以下四个不同的类别中找到：

- 行政建筑：包括中央部委和其他权力机构的不动产。
- 部门资产：包括属于国防部的资产——该机构往往是一国最大的不动产资源业主，包括了海军基地、机场、军人宿舍、科研设施、仓储和配送中心、通信设施及场地和办公室等；运输部往往拥有港口和机场；卫生部拥有医院；教育部则拥有中小学校和大学。

- 央企：不动产资产属于前垄断企业，如铁路、邮政、电信和电力网络等。
- 其他：中央政府往往是全国最大的林业资产拥有者，也会拥有广袤的农业用地或者完全未开发的土地——后者如果管理得当，可能拥有未被认知的社会和经济价值。有些国家可能也有城市里的物业，如英国的皇家地产公司(Crown Estate)或瑞典的瓦萨克罗南房地产集团。

目前尚未有任何一个国家已经做到将所有这四大类资产转移到一个单一的控股公司，芬兰可能在这方面走得最远，它将其参议院的资产都归置于教育部的统一管理之下。瑞典走的则是分散模式，把与一些政府部门和央企有关的不动产资产分别放置到不同的控股公司之中，如：

- 瑞典大学房地产公司：负责高等教育资产。
- Vassallen 公司：负责由国防部拥有的前军营。
- 瑞典国家林业公司：负责林业资产。
- 杰恩哈申公司：负责国家铁路公司的不动产资产。
- 瑞典国有财产局(Statens Fastighetsverk)：管理不动产资产的核心机构。该公共服务实体管理约 2 300 处房产和 6.4 万公顷的土地，约占到瑞典 1/7 的面积。它管辖着所有的瑞典大使馆、部级建筑、国家住宅和机构，以及瑞典列入教科文组织名单中总共 14 处世界遗产中的 7 处。并与瑞典国家文物局、瑞典工事局以及瑞典海事局机构一道，对全国约 300 处国有历史建筑负责。

使用私营部门框架的主要目的是利用现有的会计方法和公司结构，通过对资产完全彻底的登记，以及对潜在市场价值的评估，提高透明度，以便了解或至少能评估每一处房产可能的备选用途。

英国已经出人意料地施行了一些看上去不很协调的措施，以改善其公共商业资产的透明度。然而，如果使用不同的会计准则，且不在全国范围内大规模推广注册或地籍登记，相关举措将很难达到预定目标。此外，英国中央政府一直保持分散所有权的做法，即每个部门都保留其商业资产的所有权，仅将咨询功能通过机构建设进行了集中化。然而，即使是这种咨询职能，实际上也是支离破碎的——其被分成两个单独的政府机关并由公务员负责，另外还有一个根据公司法设置的第三方机构：

- 国有股东事务管理局：作为商业、创新及技能部的一部分，监督各种企业和类企业资产。
- 政府产权单位（The Government Property Unit）：作为内阁办公室的一部分，监督政府的部分不动产资产。
- 英国金融投资公司，由财政部全资拥有的有限责任公司，负责管理政府在苏格兰皇家银行（RBS）、劳合社（Lloyds）和英国资产解决方案公司（UK Asset Resolution Ltd.）等公司内的投资。

此外，英国皇家地产公司作为一个有限责任公司，是英国最大的业主之一，拥有价值约 80 亿欧元的资产，包括位于伦敦市中心的大量房产、温莎地产（Windsov Estate）、购物中心、144 000 公顷农地和森林的组合、超过半数的英国海滨、风电场等等。

私营部门的公司通常会将其财产整合到一个集中的工具中来，以优化利用空间，最大限度地降低运营成本——包括能源、垃圾处理和水，还包括了日常维护和清洁成本。出于同样的原因，如被视为一个企业，政府肯定能受益于将其商业性房地产整合到一个集中的控股公司中来，这样的整合能够避免由于前后不一致，缺乏透明度，以及次优的管理导致的财富管理低效。发展房地产，包括买卖资产、开发商合作等，将从专业化的管理以及类似私营部门的结构设置中显著受益；对适当的管理进行激励，可以实现政府和社会这个整体的价值最大化。

13

都想立刻修好通天大道，造得起么？

13

We All Want to Build Roads Now, But Can We Afford It?

> 数十年来，大多数国家在公路、铁路和其他公共交通，以及供水、废水处理和电网等急需的公共基础设施方面投资不足。在发达经济体尤其如此，这是因为在政治过程中多优先考虑短期项目，而不是长期投资。

早期的铁路和商业航空公司，都被视为一个国家交通基础设施的重要部分，正如道路和桥梁一般。政府往往拥有并维护用于公共服务的基础设施，或尽快将其国有化。此外，政府还确定了收费标准和路线，并限制新进入者以保护政府的资产。这些“优胜者”往往也是国家战争机器的关键部件，比如可以利用其运兵到前线。二战结束后，这些“优胜者”以及邮局网络，被视为福利社会建设不可或缺的组成部分。

数十年来，大多数国家在公路、铁路和其他公共交通，以及供水、废水处理和电网等急需的公共基础设施方面投资不足。在发达经济体尤其如此，这是因为在政治过程中多优先考虑短期项目，而不是长期投资。与此同时，国家也往往到处投资桥梁和大项目，而无需留意什么项目才具有最高的社会回报。国际货币基金组织(2014)的结论是，对于公共基础设施的投资随着时间的推移而下降，事实上，增加投资是可以刺激经济增长的。但它也指出，大多数国家基础设施投资的效率有很大的改善空间。

诸如公路、铁路和其他公共基础设施之类的国有资产往往不被看作资产，因为它们不提供财务回报，也不能轻易出售或转让。它们不产生收入。而且，事实上，它们也不包含在我们在本书的前几章节提出的“公共资产”的范畴内。[①] 但它们通常可以在不影响主要功能的情况下提高利用率。

在本章中，我们将探讨这些问题，并展示独立的控股公司如何作为一个很好的工具，将公共财富向基础设施转移，并给予其更牢固的经济基础。

基础设施的繁荣与萧条

中国已经创造了大量关于基础设施建设的世界纪录，如最大的水电工程三峡大坝，以及快速增长的高速铁路网。它同时也在各地建设新机场和火车站。这种基础设施建设热潮仍将持续一段时间。在未来 20 年，金砖四国（巴西、俄罗斯、印度和中国）将占据陆地旅行增长量的 50％以上以及航空旅行增长量的 40％以上。

尽管有如此大规模的基础设施项目，金砖四国以及富裕国家中更常见的景象仍是基础设施匮乏、维护不足。例如，在德国的石勒苏益格-荷尔斯泰因州（Schleswig-Holstein）的基尔运河（Kiel Canal）连接北海和波罗的海，是世界上最繁忙的人工水道，但因为两座建于 1914 年的闸门破损不堪，2014 年被迫部分关闭。德国著名的高速公路拥挤过度，乘客每年因为交通拥堵造成的时间浪费多达 8 个工作日。跨越莱茵河的主要桥梁如此破败不堪，以至于不得不限制重型货车通过，而普通汽车也必须减速到每小时 38 英里（约 61 公里/小时）。德国本可以轻松地负担更多，但它是众多忽略了对公路、铁路和水道进行维护的国家之一，因而出现了大量的投资延迟（尽管它在前东德的现代化上花的钱更多）。今天，德国的公共投资大幅下降，从 1998 年联邦开支的 13％到今天的不到 10％。在德国，政府投资目前仅占投资总额的 15.4％，这使该国在 31 个工业国中名列第 25 位。

---

① 除非它们能产生收入现金流，例如收费公路。

在其他许多国家，情况更是雪上加霜。然而，如果可以改进管理，预计基础设施能起到更大的作用。下面来看几个范例。

更好的基础设施管理可实现奇迹

在一些地方，基础设施投资开始变得有利可图，即便没有政府的规划运行，也可良好运行。我们可以比较一下东京的私人铁路与美国政府拥有的铁路系统。

东京是世界上最大的特大城市之一，拥有 3 500 万人口。与人们预计的交通混乱相反，大量人口通过公共交通有效通勤，很少发生延误现象。东京、名古屋、大阪——日本三大都市圈的铁路网可能是这个世界上效率最高的。该国的旗舰级高速路线——东海道新干线——已运营近 50 年，从未出轨或撞车。它的平均发车延迟不到 1 分钟。比一些高速铁路更令人印象深刻的，是复杂的地铁和通勤网络，这是运输领域中自由市场结出的果实。新加坡和中国香港也有民营企业，但相比日本的独立企业，竞争力仍稍显不足，这可能是价格受限及其他监管的结果。

二战结束后，虽然在欧洲和北美，几乎所有的铁路和市内公交线路都被国有化，但日本仍遵循战前传统，在铁路行业保留了部分规模可观的私营公司。事实证明，私营铁路比那些由国家经营的铁路更有效率，后者即使在人口稠密的东海道城市群也在赔钱。因此，在 1987 年，政府将国有铁路私有化，除了电车和市内地铁，几乎涉及所有交通类型。JR 东日本、JR 中央和 JR 西日本，被拆分成在东京、名古屋、大阪三地分别运营的公司，且相应地都获得了健康成长，并具备了盈利能力。东京地铁是东京最大的地铁网络公司，随后也推行了私有化。

我们来比较一下美国总统奥巴马的高铁项目。尽管政府自 2009 年以来花费了近 110 亿美元来发展更快速的客运列车，但该项目仍无大的进展，美国仍然远远落后于欧洲和中国。批评人士说，政府不应该用这些资金去升级现有的美铁网络，而是应该把 110 亿美元直接投入到新项目中，因为现有铁路网络的时速都不超过 110 英里（约合 177 千米）。另外，预算没有考虑东北走廊，而这原本是最可能需要高铁服务的地方。在拥挤的纽约到华盛顿的走廊，阿西乐铁路

(Acela)的平均速度只有 80 英里(约合 129 千米),如果想让它像日本的子弹头列车那样以 220 英里(约合 354 千米)每小时的速度行进,将需要 1 500 亿美元的投资和 26 年的时间,前提是如果这件事真能实现的话。

在 2011 年国情咨文中,奥巴马说:“在未来 25 年,我们的目标是让 80%的美国人能享用到高速铁路。”美国铁路公司(Amtrak)于 2000 年推出阿西乐高速铁路,是美国首个成功的高速列车项目,大多数时间里,它的车厢都是满的。列车已经减少了其在华盛顿、纽约和波士顿之间的行驶时间,但老化的轨道和桥梁(包括巴尔的摩百年历史的隧道),使其不得不减速行驶。从纽约到华盛顿,阿西乐需要 165 分钟,而如果采取新轨道上的子弹头列车,所需时间仅仅为 90 分钟。

一个问题是,美铁公司的资金依赖于美国国会的年度拨款,这并不是政府的长久之计。美铁公司于 1970 年创建,政府补贴原本只是暂时的,但事实并非如此。美铁在过往的 30 多年里提供着二流的铁路服务,却消耗了超过 300 亿美元的联邦补贴。它的准点纪录很差,而且基础设施状况恶劣。其他地方的改革表明,私营铁路客运可以良好运营,而如果公共铁路公司是专业治理、直接面向竞争的,同样也可以改进。这样的改革已经在澳大利亚、英国、德国、日本、新西兰等国家得到实施。

这不只是美铁公司的缺点或是缺乏资金的问题。令人沮丧的是,大量现金注入的往往是不佳的基础投资项目。一个很好的例子是,许多城市正在建设有轨电车,而快速公交车实际上会更便宜更好。华盛顿特区花了至少 1.35 亿美元,在城市的东北部打造了 2.4 英里长(约合 3.9 千米)的电车轨道。至少有 16 个美国城市正在建立类似的系统,还有几十个城市紧随其后。甚至破产的底特律也开始建造 3 英里(约合 4.83 千米)的电车轨道,预计将花费高达 1.37 亿美元。大多数研究发现,有轨电车比公交车造价高得多,但运输的效率和速度并不高。它们速度缓慢、频繁起停,往往会造成更多拥堵。而公交线路在一个小时内能运送的乘客是其 5 倍。

为什么到处建设有轨电车?一个重要原因是联邦政府的补贴。在美国总统奥巴马任内,交通运输部给那些承诺重振市区和减少温室气体排放的“小”项目资助了高达 7 500 万美元。这些项目不需要传统意义上的高性价比,如果其能使一个地方更适宜居住，或能提供其他说不清道不明的利益，就可能获取补贴。这不仅造成浪费，而且往往有利于较富裕的人群，如游客和购物者。公交车能给贫穷的居民提供更好的服务。在这个角度一个正面的例子是克里夫兰的快速公交服务。迄今为止，其6.8英里（约合10.94千米）的路线，已吸引了超过58亿美元的私人投资。它始建于2008年，大约花费了5 000万美元，是街车成本的1/3。

在许多情况下，新的基础设施，可以巧妙地通过提升土地价值来获取融资。这仅适用于那些基础设施投资能真正增加经济价值的区域。一个很好的例子是英国的横梁项目（Crossrail project），这是伦敦市中心一条雄心勃勃的连接西南郊区伯克希尔（Berkshire）与东部埃塞克斯郡（Essex）的新铁路线。预计在2018年建成后，将使得伦敦的交通网络的容量提高10%，同时显著降低通勤出行时间。横梁1预计将耗资150亿英镑（240亿美元），资金来源是政府补助、票价和土地价值提升的三者结合。中央政府将提供约1/3，伦敦商家将贡献超过1/3，其中包括站台上的各种项目开发，以及来自主要受益者如希思罗机场和伦敦金融城的贡献。剩下的1/3（或更少）将来自伦敦交通局，这将由当地负责大伦敦交通系统的政府机构，通过借款筹集资金，并通过横梁项目的营业盈余进行还款。铁路网将花费高达23亿英镑以提升现有铁路网络，并将通过对轨道的有偿使用，在30年的时间内予以偿还。其余主要来自对多余土地和房产的处置计划。[①②] 横梁2——该项目的第二阶段，计划花费200亿英镑，连接伦敦的西南和东北。成本的一多半无需纳税人支付。

我们的例子都集中于铁路。但在其他基础设施领域，情况也差不多。几乎所有美国的港口都是由州和地方政府所有。许多港口的运营情况低于世界标准，因为其工会呆板的工作规则，以及拖沓的行政管理。一份海事局的报告指出："美国港口远远滞后于其他国际运输门户，如新加坡和鹿特丹。"换言之，港口缺乏效率也影响了出口。

① London First (2014)。

② *The Economist* (2013) "How other infrastructure projects can learn from London's new railway", November 23。

港口的私有化往往是相当成功的。1983 年，英国将 19 个港口私有化，形成“英国联合港口”。即使在希腊，比雷埃夫斯也是为数不多的成功私有化案例之一。中国一家国有企业中远，购买了比雷埃夫斯港口的一半，并在不到 2 年的时间内，使其营业额和效率翻了三倍。[①] 和记黄埔，一家总部设在中国香港的私营公司，在接手全球港口的业务方面非常成功，迄今已经拥有 15 个国家的 30 个港口。

通过国家财富基金将国有资产向基础设施转移

作为一家国有企业的控股公司，国家财富基金提供了一个在政治上更易行的渠道，使得在转移国有资产至基础设施建设的过程中能取得如下目标：减少政府直接向财富伸手的渠道，增加基础设施建设资金，并在更健全的经济基础上做出关于基础设施的决策。

一些国家，如加拿大，有着将养老基金投资于基础设施的悠久历史。由于基础设施投资往往是大型项目，这些基金很少将其资产的 10%以上投资于此。讽刺的是，许多主权财富基金正大力投资于自己国家之外的基础设施。一个著名的例子是总部设在阿联酋的迪拜港口世界公司(Dubai Ports World)在 2006 年要投资美国的六大港口。这引起了广泛关注，因其可能利用投资去影响航线设置。最后，美国国会阻止了迪拜港口世界公司收购拥有这些港口的公司，尽管有些并购已经完成。迪拜港口世界公司最终将已收购的美国资产出售给美国国际集团。

其他的例子包括中国投资有限责任公司(China Investment Corporation)，它是世界第四大主权财富基金，收购了希思罗机场控股公司 10%的股份。而根据报道，卡塔尔投资管理局(the Qatar Investment Authority)正考虑动用它 1 700 亿美元的一部分在印度建设基础设施。同时，中国公司正在非洲修建公路和铁路，在东南亚修建发电厂和桥梁，在美国修建学校和桥梁。根据最新编制的

---

① *The New York Times* (2012) “Chinese company sets new rhythm in port of Piraeus”, October 10。

行业简讯——“工程新闻纪录”，世界最大国际承包商的名单上，中国公司在前25名中占据了4个位置。中国建筑工程总公司（China State Construction Engineering Corporation）在约100个国家承担了5 000多个项目，2009年获得了224亿美元的收入。中国水利水电建设集团公司（China's Sinohydro）控制了全世界水电项目建设超过一半的市场份额。

事实上，主权财富基金（有时国家财富基金亦如此）在其他国家基础设施方面的投资已经变得如此普遍且具有明显威胁。许多国家出于对潜在政治动机的担忧，已设置了针对来自该类基金直接投资的歧视性法律，所以它们面临的监管障碍往往比养老基金更加麻烦。针对这一点，主权财富基金一直在与养老金及其他已建立国际声誉的基金合作投资，努力改善透明度。

这其中许多国家国内的基础设施投资需求更大。但包括监管问题在内的一些限制因素，可能会导致大量资源被滥用。然而，许多国家仍在大力发展它们的知识和法律基础设施，而这正是国家财富基金可以提供帮助的：提供一个展示国际最佳实践的窗口，传授经验和管理技能。主权财富基金是基于财务状况而投资于大型基础设施项目，但一个重要的问题是，它们是否有进行成功的基础设施投资所需要的能力。毕竟，通常它们的专长是金融，而不是建筑结构。

我们认为，通过让国家财富基金挪移或出售国有资产给其他商业控股公司，然后投资于自己国家的基础设施财团，可以促进国家的基础设施投资，并且改进其管理。在此过程中，有三项可彼此强化的重要措施。

首先，投资于基础设施的国家财富基金应该专注于盈利而非其他。它们的工作是管理运营资产的价值，确保经济稳健，并设法找到增加盈利的结构性交易。例如，如果围绕公路、铁路投资的土地价值的增值是内在的，那么许多公路和铁路投资就变得有利可图。一个国家财富管理基金往往处于这样的位置：购买投资附近的土地，从而使项目盈利，或者事实上通过一家控股公司成为业主，就像铁路或邮政服务那样。

通过国家财富基金将公共资产向基础设施转移，在政治上也有所裨益。政府保留国有企业，有时仅仅是因为对私有化没有那么强烈的政治冲动。一个在某种程度上独立于政府的国家财富基金，可以出售国有银行，投资于盈利的基础设施项目，而不至于被视为将财富转移给私营公司——这只是投资组合内部的一种财富转换而已。

其次，那些在市场上不能盈利，但有积极的净社会价值的基础设施项目，应当由国家或地方政府“支付使用”。例如，由国家财富基金单独拥有，或与私营业主共同掌管的财团，可与州或地方政府签订合同：财团在当地修路，国家承诺每年支付使用费，并可根据道路通达等质量参数调整费用。在许多公共和私营部门合作伙伴关系(PPP，Public-Private Partnership)项目中，这已经是一种通用模型。例如，政府每年支付 PPP 财团一定的费用，要求对方提供公路或铁路，该费用往往与 PPP 达到的质量密切相关。这使得政府专注于对消费者提供的服务的价值，而不是纠结于困难的投资决策，同时还得面对腐败和侍从主义的诱惑。例如，在尼日利亚，靠近拉各斯(Lagos)的莱基-埃佩高速公路(the Lekki-Epe)，就采取了 PPP 的项目模式，而这避免了该国国内其他基础设施项目中常见的腐败现象。

第三，应有一个独立的机构持续评估政府采购基础设施服务的社会收益。为此，应该使用国际通用的工具，以确定其中的环境和社会价值因素。虽然这样一个来自独立机构的建议并不一定有约束力，但它将使各种项目的经济情况更加透明，并使那些盲目投资桥梁的政府付出政治代价。

更聪明的基建

国家财富基金也能很好地通过价值创造来为基础设施提供创新型的融资。例如，高速公路经常被作为公然错失机会的例子。美国的一些州已经或正在建设由私人融资及经营的高速公路。北弗吉尼亚州的杜勒斯绿道(The Dulles Greenway)是一条 14 英里长(约合 22.53 千米)的私有高速公路，于 1995 年开通，其经费来自私人债券和股票发行。在同一区域，福陆-兰斯尔(Fluor-Transurban)高速公路正在建设中，其资金主要由首都环线 14 英里长(约合 22.53 千米)的收费车道解决。司机付费使用可电子收费车道，而这将收回 10 亿美元的投资。福陆-兰斯尔也投资并建设了在华盛顿南部运行的 95 号州际公路。在加利福尼亚州、马里兰州、明尼苏达州、北卡罗来纳州、南卡罗来纳州和得克萨斯州，还有很多类似的私营公路工程建设已经完成或正在建设中。

然而，主要的机会不在于收取个别道路的过路费。相反，它来自与高速公路相关的整体价值创造。与其他大多数实物资产不同，土地可被用作使管理的资本增值的工具，特别是当政府本身就是分配开发权和建设增值所需的公共基础设施的主要来源时。当公共机构通过修建道路、提供基础设施服务或变更公共服务办公室地址开发新地块时，它们所创造的土地价值增量有时会非常惊人。当公共机构持有相关土地，一个精明的基建投资策略，再加上改变土地用途指定，就可以拿回资本投资成本的大部分，某些情况下甚至拿回整体成本，这往往通过土地增值和随后的卖地予以实现。例如，在中国湖南省的省会长沙市，八车道的环城公路的一半资金是通过出售毗邻的公有土地（和以地块价值作为抵押的临时借款）来实现的。

另一种类型的价值创造在于创造一个收费系统以缓解拥堵。不同于私人公路或桥梁的收费，一个管理良好的运输系统会在高峰时段进行高收费以减少拥堵。这已在斯德哥尔摩取得了意想不到的成功。该市政府出台的对交通高峰时段收费的政策，导致该时段的交通拥堵缓解了20%。大多数城市居民最初反对收费，但现在70%的人口支持收取拥堵费。

德国有着拥挤的高速公路和对公共资金的使用限制，其财政部长沃尔夫冈·朔伊布勒（Wolfgang Schäuble）日前建议通过电子仪器对一般高速公路收费，这将不再需要昂贵的收费站，还可以减少晚高峰与非高峰期间的车辆排队，同时仍能从使用者手中筹集资金。

即使对当地的交通，收取拥堵费似乎也起到了作用。以伦敦为例，2003年起在伦敦市中心从早上7点到下午6点、周一至周五收取拥堵费。一些研究表明，这种收费促使一些司机避开了交通高峰，有助于缓解交通拥堵。在伦敦实施该计划的第一个十年，其总收入为26亿英镑，其中约12亿英镑（约46%）的收入用于公共交通、步行和骑行计划。

在许多国家，这种对消费者收费结构的改变，以及交通运营者为了使用铁路及其他基建而支付的费用，都在政治上遭遇了激烈的讨价还价。在许多情况下，如果这是一个由国家财富基金主持、公共基础设施财团牵头做出的决定，可能会更加合理。

在这一点上有一个有趣的现象，正发生在英国铁路网上——这是由政府支持、拥有并运营英国铁路基础设施的机构。欧盟要求英国要么将铁路网络的累积达 340 亿英镑的债务重新定义为公共债务，要么将铁路网络转变成一个完全独立的组织。铁路网络成立于 2002 年，拥有 2 500 个站台、铁路轨道、隧道、桥梁和铁路平交道口，本来是一家没有股东的私人公司，财务由政府担保。它偶尔会因为未能满足列车准点运行目标而被铁路条例办公室罚款。根据我们的论点，按逻辑，它应该被转变成一个由国家财富基金拥有的独立的实体。

总之，对于如何更有效地提供公共基础设施，可探讨的范围很广，很多国家都有充分的理由将公共资产从那些没有理由继续持有它的国企转移到基础建设中去。国家财富基金成为这种转变所需的政治上可行的工具。此外，这样一个政治上独立的基金可以在基础设施投资上引入经济合理性元素。

14

公共利益：从腐败到有效监管

14

From Decay to Governance in the Public Interest

> 小幅的改革步伐是可行的，有些国家也正在沿着这样的道路前进。通过这些改革，政府官员可以不再直接染指公有财富，这就帮助他们将注意力转移到民众身上。

弗朗西斯·福山(2014a)在他的文章《衰败的美利坚》(*America in Decay*)中，对国家监管失败有清晰的阐述。他的许多观察都证实了我们对国有财富管理不力的描述。福山这样写道：

> 对政府的不信任一直延续，并不断自我强化。对行政机构的不信任导致更多的对行政机关进行司法核查的要求，从而直接降低了政府的质量和有效性。与此同时，对政府服务的需求引发国会向行政机构提出更多的要求，而这些要求即使能够实现，也常常被证明是非常困难的。这两个过程都会削减官僚的自主性，也相应地导致政府行事缺乏弹性，深受各种规则约束，并失去创造力和连贯性。
>
> 结果就是会发生“代表危机”，普通的公民感到他们设想中的民主政府不再真实反映他们的利益，而是处于藏在暗处的精英掌控之中。这一特殊现象的讽刺意义在于：“代表危机”的产生，很大程度上是为了实施让系统更加民主的改革计划。实际上，相对于美国的国力来说，现在的法律和民主

实在是太多了。

这一分析与我们对公共财富监管的讨论不谋而合。悲哀的是，福山认为对于即将到来的危机的预期可能会刺激改革，但成功的希望渺茫。我们的观点要稍为乐观一些。小幅的改革步伐是可行的，有些国家也正在沿着这样的道路前进。通过这些改革，政客可以不再直接染指公有财富，这就帮助他们将注意力转移到民众身上。中央银行与公共养老基金平行的历史说明，即使还没有出现危机，开明的政客也会选择这条符合自身利益的改革道路。

我们的论点同样直接越过了那些一直在激烈争论是公有产权好还是私有产权好的伪论题——私有化与公有化之争。问题的关键应当在于：资产监管的质量是好还是坏。

大部分国家政府的公有资产远远超过它们的公有负债，而这一事实常常都被这些政府忽视，原因在于它们通常缺乏对其所有资产组合的一个完整理解。即使有，其方法也往往会低估资产价值，因为政府缺乏一个中央登记体系和妥当的会计方法来评估这些资产的市场价值。

建立透明化制度是改善管理的关键。如果能够综合理解公共商业资产组合及其细分部分的价值，就不难提高产出，不管组合中的企业是国有企业、不动产、多产的森林，还是其他能够提供现金流的公共财产。

公有商业资产缺乏效率和财务回报的问题，在我们的多个案例研究中都已经得到证实——从福山关于美国国有林业管理的深刻揭露，到立陶宛政府发现其林业企业缺乏效率。在本书中，我们也给出了很多例子，从富国到穷国，从银行、能源、航空到许多其他行业。

国有产权面对的最具挑战的情况是，政府最终必须既当运动员又当裁判员，既是市场参与者又是监管机构。这种双重性需要在一开始就正面解决，通过法律明确分离所有权和监管权。政府部门唯一能够影响一个行业及其参与者的方式，只能是通过透明的、公平的规章制度建设。

我们只有有限的公共资源，因此必须对它们进行负责任的管理。那些隐藏起来的公有商业资产，缺乏明确的经济价值，面临着被滥用而无人关注的风险。

要拓展任何一个商业资产的价值，对价值的理解至关重要，不管是当期价值还是潜在价值。透明化对避免公共资产浪费、滥用和腐败也是十分关键的。

有些国家已经开始，或正在准备积极采取措施来增加透明度，例如将资产货币化。即使如越南这样的社会主义国家，也在试图清理其国有企业，出售非核心资产，并计划在2020年削减国企数量的75%。印度的多数政策制定者都表示他们想要分拆印度煤矿公司，以促进竞争。这仅仅是个开始。不过即使这些转变都付诸实施，很多政府持有的资产规模仍然相当庞大。

相反，如果公有商业资产能够注入一个国家财富基金——这种经过时间检验的类似私营企业的运营工具和框架，并辅之以专业的监管，就能够大幅提升公共福利。国家财富基金需要运用封闭的企业化管理工具，持有全部的商业资产，同时不受短期政治利益的影响。

如果政客们能够仅关注个体公民和整体经济方面议题，他们会变得更加成功。很多政府已经将货币政策以及稳定财政的管理职能外包给独立的中央银行，将养老金基金交给专业的基金经理管理。沿着这个方向，通过设立国家财富基金，建立一个更为专业的解决方案，打理包括公共房地产在内的公共商业资产，是非常顺理成章的下一步。很多国家，尤其是那些联邦政府高度放权的政府，也许在地区/地方的级别，也同样需要国家财富基金。

当前欧洲、美国以及其他经合组织成员国中的很多发达国家的经济形势，需要政府采取非常措施来应对。对商业资产所有权承担责任的政府也面临同样的挑战。因为存在着天然的利益冲突，没有人能够成为理想的所有者。然而，决策者义不容辞的义务是，让这些资产获得专业管理，并符合全体公民的利益，而不管那些既得利益集团如何抵制或否定。公共资产监管的改革事业是一项财政和社会事业，在公共财政、民主建设和持续对抗腐败的斗争等多个方面，均将带来巨大的优势。

参考文献

Accounting Chamber of Ukraine (2009) Audit of "Naftogaz Ukrainy". Kiev.

Alesina, A. and Summers, L. H. (1993) "Central bank independence and macroeconomic performance: some comparative evidence", *Journal of Money, Credit and Banking* 25(2): 151 – 62.

Assemblée Nationale (2003) "Rapport fait au nom de la commission d'enquête sur la gestion des entreprises publiques afin d'améliorer le système de prise de décision", Rapport Douste-Blazy, N° 1004. (Paris).

Baber, B. (2011) "Squeezing the assets", May 1, available at www. publicfinance. co. uk/features/2011/05/squeezing-the-assets.

Bachmann, R. (2001) "Trust, power and control in transorganizational relations", *Organization Studies*, 22(2): 337 – 65.

Bagehot, W. (1873) *Lombard Street: A Description of the Money Market*. (New York: Scribner, Armstong & Co.).

Balding, C. (2011) *A Brief Research Note on Temasek Holdings and Singapore: Mr. Madoff Goes to Singapore*, available at piketty. pse. ens. fr/files/Balding13. pdf.

Bartel, A. and Harrison, A. (1999) *Ownership versus Environment: Why are Public Sector Firms Inefficient?*, NBER Working Paper No. 7043.

Bloom, N. and van Reenen, J. (2010) "Why do management practices differ across firms and countries?", *Journal of Economic Perspectives*, 24(1): 203 – 24.

Bloom, N., Genakos, C., Sadun, R. and van Reenen, J. (2012) *Management Practices across Firms and Countries*, NBER Working Paper No. 17850.

BNP Paribas (2001) *Sweden: Blazing the Reform Trail*, June 21. (London: BNP Paribas).

Bom, P. and Ligthart, J. E. (2010) "What have we learned from three decades of research on the productivity of public capital?", CESifo Working Paper Series No. 2206, Center Discussion Paper No. 2008 – 10.

Buiter, W. H. (1983) "Measurement of the public sector deficit and its implications for policy evaluation and design", *Staff Papers*, IMF, 30: 306 – 49.

Cadbury Report (1992) *Report of the the Committee on the Financial Aspects of Corporate Governance*. (London: Gee Publishing).

Carnegie (2002a) *Case Study: AssiDomän*, March 1.

Carnegie (2002b) *From an Integrated State Railroad Authority to a Structure with Specialised Corporate Entities*, June 1.

Christiansen, H. (2011) *The Size and Composition of the SOE Sector in OECD Countries*, OECD Corporate Governance Working Papers, No. 5. (OECD Publishing).

Common Cause (2008) "Ask Yourself Why ... They Didn't See This Coming", available at www. commoncause. org/... /National _ 092408 _ Education Fund Report (accessed September 29, 2008).

Credit Suisse (2014) *Global Wealth Report 2014*.

Crowe, C. and Meade, E. E. (2007) "The evolution of central bank governance around the world", *Journal of Economic Perspectives*, 21(4): 69 - 90.

DeConick, J. B. (2010) "The effect of organizational justice, perceived organizational support, and perceived supervisor support on marketing employees' level of trust", *Journal of Business Research*, 63(12): 1349 - 55.

Economist, The (2014a) "State capitalism in the dock", November 22.

Economist, The(2014b) "Our crony-capitalism index", March 15.

Edwards, J. R. (2004) "How nineteenth-century Americans responded to government corruption", *The Freeman: Ideas on Liberty*, April, p. 24.

Eleftheriadis, P. (2014) "Misrule of the few: how the oligarchs ruined Greece", *Foreign Affairs*, 93(6): 139 - 46.

Finnish Government (2004) *Matti Vuoria: Evaluator Report of the State's Ownership Policy*. (Helsinki, Prime Minister's Office).

Fölster, O. and Sanandaji, N. (2014) *Renaissance for Reforms*. (London: IEA/Timbro).

Fukuyama, F. (2014a) "America in decay: the sources of political dysfunction", *Foreign Affairs*, 93(5): 763 - 75.

Fukuyama, F. (2014b) *Political Order and Political Decay: From the Industrial Revolution to the Globalization of Democracy*. (New York: Farrar, Strauss and Giroux).

GAO (General Accounting Office) (2005) *High-Risk Series: An Update*, GAO - 05 - 207.

Goddard, R. (2003) "Relation network, social trust, and norms: a social capitol perspective on students' chances of academic success", *Educational Evaluation and Policy Analysis*, 25(1): 59 - 74.

Goel, R. and Nelson, M. A. (1998) "Corruption and government size: a disaggregated analysis", *Public Choice*, 97(1/2): 107 - 20.

Goh, K. S. (1972) *The Economics of Modernisation and Other Essays*. (Singapore: Asia Pacific Press).

Grubišić, M., Nušinović, M. and Roje, G. (2009) "Towards efficient public sector asset management", *Financial Theory and Practice*, 33(3): 329 - 62.

Gupta, S., Kangur, A., Papageorgiou, C. and Wane, A. (2011) *Efficiency-adjusted Public Capital and Growth*, IMF Working Paper WP/11/217.

Haldane, A. and Madouros, V. (2012) "The Dog and the Frisbee", paper presented at the Federal Reserve Bank of Kansas City's 36th economic policy symposium.

Haley, U. and Haley, G. (2013) *Subsidies to Chinese Industry: State Capitalism, Business Strategy, and Trade Policy*. (Oxford: Oxford University Press).

Herle, D. and Springford, J. (2010) "Prairie wisdom for Britain's age of austerity", *Financial Times*, June 9.

HM Treasury (2010) *Joint Venture Guidance*, available at www. hm-treasury. gov. uk/d/joint _venture_guidance. pdf.

House Financial Services Committee (2008) *Temasek Holdings: A Dependable Investor in the United States*, testimony of Simon Israel, March 5, available at www. temasek. com. sg/ mediacentre/speeches? detailid=8609.

Iglesias, A. and Palacios, R. J. (2000) *Managing Public Pension Reserves*. Part 1: *Evidence from the International Experience*. (Washington: Social Protection Unit, World Bank).

IMF (International Monetary Fund) (2003) *Singapore Inc. vs the Private Sector: Are GLCs Different?* (Washington DC: IMF).

IMF (2004) *World Economic Outlook*. (Washington DC: IMF).

IMF (2012) *Ukraine Gas Pricing Policy: Distributional Consequences of Tariff Increases*, Working Paper 12/247. (Washington DC: IMF).

IMF (2013) *Another Look at Governments' Balance Sheets: The Role of Nonfinancial Assets*. IMF Working Paper 13/95. (Washington DC: IMF).

IMF (2014) *World Economic Outlook: Legacies, Clouds, Uncertainties*. (Washington DC: IMF).

Institute for Government (2012) *The "S" Factors: Lessons from IFG's Policy Success Reunions*. (London: Institute for Government).

JP Morgan (2000) Posten AB, Productivity has been delivered, but the check is still in the mail, January.

Kapopoulos, P. and Lazaretou, S. (2005) *Does Corporate Ownership Structure Matter for Economic Growth? A Cross-country Analysis*, Working Paper 21. (Bank of Greece, Economic Research Department).

Kim, J. and Chung, H. (2008) *Empirical Study on the Performance of State-owned-enterprises and the Privatizing Pressure: The Case of Korea*. (Graduate School of Public Administration, Seoul National University, Korea).

Kowalski, P., Büge, M., Sztajerowska, M. and Egeland, M. (2013) *State-owned Enterprises: Trade Effects and Policy Implications*, OECD Trade Policy Paper, No. 147. (OECD Publishing).

Lardy, N. (2014) *Markets over Mao: The Rise of Private Business in China*. (Washington DC: Peterson Institute for International Economics).

Latvian Government (2009) *Annual Review Latvian State-owned Assets* 2009. (Riga, Nasdaq OMX).

Lithuanian Government (2009) *Annual Review State-Owned Commercial Assets 2009*. (Ministry of Economics, Vilnius).

Liu, C. and Mikesell, J. L. (2014) "The impact of public officials' corruption on the size and allocation of U. S. state spending", *Public Administration Review*, 74(3): 346 - 59.

London First (2014) *Funding Crossrail 2: A Report from London First's Task Force on Funding Crossrail 2*. (London: London First).

Low, L. (2004) "Singapore's developmental state between a rock and a hard place", in Low, L. (ed.) *Developmental States: Relevancy, Redundancy or Reconfiguration*. (Hauppauge, NY: Nova Science).

Manning, J. (2012) *More Light More Power: Reimagining Public Asset Management*. (London: New Local Government Network).

McGregor, R. (2012) *The Party: The Secret World of China's Communist Rulers* (2nd edn). (New York: Harper Perennial).

McKinsey & Co (2006) "The promise and perils of the Chinese banking system". Available at www. mckinsey. com/insights/financial_services/the_promise_and_perils_of_chinas_banking_system.

Megginson, W. L., Nash, R. C., Netter, J. M. and Poulson, A. B. (2004) "The choice of private versus public capital markets: evidence from privatizations", *The Journal of Finance*, 59(6): 2835 - 70.

Merrill Lynch (2000) *Sweden: Ripe for "New Economy" Gains*, September 4.

Micklethwait, J. and Wooldridge, A. (2014) *The Fourth Revolution: The Global Race to Reinvent the State*. (New York: Penguin Press).

Murray C. J., Vos, T., Lozano, R. et al. (2013) "Disability-adjusted life years (DALYs) for 291 diseases and injuries in 21 regions, 1990 - 2010: a systematic analysis for the Global Burden of Disease Study 2010", *Lancet*, 380(9859): 2197 - 223.

Musacchio, A. and Lazzarini, S. G. (2014) *Reinventing State Capitalism: Leviathan in Business: Brazil and Beyond*. (Boston: Harvard University Press).

Musacchio, A., Pineda-Ayerbe, E. and García, G. (2015) "State-owned enterprise reform in Latin America: issues and solutions", mimeo, Inter-American Development Bank, February.

Myrdal, G. (1968) *Asian Drama: An Inquiry into the Poverty of Nations*. (New York: Pantheon).

Naughton, B. J. (2007) *The Chinese Economy: Transitions and Growth*. (Cambridge, MA: MIT Press).

Netter, J. M. and Megginson, W. L. (2001) "From state to market: a survey of empirical studies on privatization", *Journal of Economic Literature*, 39(2): 321 - 89.

Ng, W. (2009) "The evolution of sovereign wealth funds: Singapore's Temasek", *Journal of Financial Regulation and Compliance*, 18(1): 6 - 14.

Nicolas, M., Firzli, J. and Franzel, J. (2014) "Non-federal sovereign wealth funds in the United States and Canada", *Revue Analyse Financière*, Q3.

Norwegian Government (2002) *Reduced and Improved State Ownership*, White Paper. (Oslo, Stortinget).

OECD (Organization for Economic Co-operation and Development) (1998) *Performance and Regulatory Patterns in OECD Countries*, ECO/CPE/WP1 (98)15.

OECD (2005a) *Guidelines on Corporate Governance of State-owned Enterprises*. (OECD Publishing).

OECD (2005b) *Corporate Governance of State-owned Enterprises: A Survey of OECD Countries*. (OECD Publishing).

OECD (2014) *Foreign Bribery Report: An Analysis of the Crime of Bribery of Foreign Public Officials*. (OECD Publishing).

Olson, M. (1982) *The Rise and Decline of Nations: Economic Growth, Stagflation and Social Rigidities*. (New Haven: Yale University Press).

Parker, D. (2012) *The Official History of Privatisation*, vol. 2. (London: Routledge).

Peterson, E. (1985) *Panama: Urban Development Assessment*. (Washington DC: The Urban Institute).

PwC (2013) *Asset Management 2020: A Brave New World*.

Robinson, J. A., Acemoglu, D. and Johnson, S. (2005) "Institutions as a fundamental cause of long-run growth", *Handbook of Economic Growth*, 1A, 386 - 472.

Rozanov, A. (2005) "Who holds the wealth of nations?", *Central Banking Journal*, 15(4): 52 - 7.

Sassoon, J. and Pellbäck, M. (2000) "Sweden: bold novel approach", *Privatisation International*, December 1, 8 - 10.

Sawyer, C. W. (2010) "Institutional quality and economic growth in Latin America", *Global Economy Journal*, 10(4): 1 - 13.

SEKO (2000) *SEKO and Ownership: Casting off the Yoke of Monopoly and Entering a New Era*. (Stockholm).

Shleifer, A. and Vishny, R. W. (1997) "A survey of corporate governance", *The Journal of Finance*, 52(20): 737 - 8.

Shome, A. (2006) *A Case Study of Positive Interventionism*, Working Paper. (Massey University, New Zealand).

Solidium (2013) *Annual Report*, available at www. e-julkaisu. fi/solidium/annualreport-2013/.

Swedish Government (2000) *Ownership Policy: Government-owned Companies* (Ministry of

Industry, Employment and Communications).
Swedish Government (2004) *State Ownership Policy*.
Swedish Government (2005) *Liberalisering, regler och marknade* (*Liberalization, Regulation and Markets*). (Stockholm, SOU 2005,4).
Swedish Government (2007) *Guidelines for External Reporting by State-owned Companies*. (Stockholm).
Swedish Government (2011) *Statens som fastighetsägare och hyresgäst* (*State as Landlords and Tenants*). (Stockholm, SOU 2011,31).
Swedish Government (2012) *Ekonomiskt värde och samhällsnytta*: förslag till en ny statlig ägarförvaltning (*Economic Value and Social Benefit*: *Proposal for a New Governmental Ownership and Administration*). (Stockholm, SOU 2012,14).
Tanzi, V. and Davoodi, H. R. (2000) *Corruption, Growth, and Public Finances*, IMF Working Paper 00/182.
Tanzi, V and Prakash, T. (2000) *The Cost of Government and the Misuse of Public Funds*, IMF Working Paper 00/180.
UBS Warburg (2000) *Global Equity Research*: *Telia*: *Ready for Lift-Off*, July 18.
Under the Willow Tree (2011) "Wikileaks' stunning revelations about Singapore's corporate elite", September 4. Available at http://utwt. blogspot. co. uk/2011/09/wikileaks-stunning-revelations-about. html.
Unger, S. (2006) *Special Features of Swedish Corporate Governance*. (Stockholm: Swedish Corporate Governance Board).
Verhoeven, M. , le Borgne, E. , Medas, P. and Jones, L. (2008) *Assessing Fiscal Risk from State-Owned Enterprises*. (Washington DC: IMF).
Walker, D. M. (2003) "Federal Real Property: Actions Needed to Address Long-standing and Complex Problems", GAO report no. 04-119T. Testimony before the Committee on Governmental Affairs, United States Senate, October 1.
Wicaksono, A. (2009) Corporate governance of state-owned enterprises: investment holding structure of government-linked companies in Singapore and Malaysia and applicability for Indonesian state-owned enterprises, dissertation. (University of St. Gallen, Switzerland).
World Bank (2011) *Ukraine*: *System of Financial Oversight and Governance of State-Owned Enterprises*, Report No. : 59950, February 22.

E

F

H

J

M

N

O

T

Y

图书在版编目（CIP）数据

新国富论：撬动隐秘的国家公共财富/（瑞典）邓达德，（瑞典）斯蒂芬·福斯特著；叶毓蔚，郑玺译. —2 版. —上海：上海远东出版社，2016
（世纪中国论坛典藏文库）
ISBN 978-7-5476-1158-6

Ⅰ. ①新… Ⅱ. ①邓…②斯…③叶…④郑… Ⅲ. ①国有资产管理—研究 Ⅳ. ①F20

中国版本图书馆 CIP 数据核字（2016）第 174847 号

责任编辑 李巧媚 程云琦
封面设计 陈 楠

·世纪中国论坛典藏文库·

新 国 富 论

——撬动隐秘的国家公共财富

［瑞典］邓达德 ［瑞典］斯蒂芬·福斯特 著

叶毓蔚 郑 玺 译

上海世纪出版股份有限公司
远东出版社出版
（200235 中国上海市钦州南路 81 号 www.ydbook.com）
上海世纪出版股份有限公司发行中心发行
上海中华印刷有限公司印刷
开本 720×1000 1/16 印张 16.75 插页 4 字数 251,000
2016 年 8 月第 2 版 2016 年 8 月第 1 次印刷
ISBN 978-7-5476-1158-6/F·586
定价 58.00 元